中小学教育智慧文库

ZHONGXIAOXUE JIAOYU ZHIHUI WENKU

小学英语
RLPR话题教学模式研究

高小兰 ◎主编

暨南大学出版社

JINAN UNIVERSITY PRESS

中国·广州

图书在版编目（CIP）数据

小学英语 RLPR 话题教学模式研究/高小兰主编. —广州：暨南大学
出版社，2021.3
（中小学教育智慧文库）
ISBN 978 - 7 - 5668 - 3063 - 0

Ⅰ. ①小…　Ⅱ. ①高…　Ⅲ. ①英语课—教学模式—研究—小学
Ⅳ. ①G623. 312

中国版本图书馆 CIP 数据核字（2020）第 227742 号

小学英语 RLPR 话题教学模式研究
XIAOXUE YINGYU RLPR HUATI JIAOXUE MOSHI YANJIU
主　编：高小兰
•••

出 版 人：张晋升
责任编辑：李倬吟　李　鹏
责任校对：苏　洁　王燕丽
责任印制：周一丹　郑玉婷

出版发行：暨南大学出版社（510630）
电　　话：总编室（8620）85221601
　　　　　营销部（8620）85225284　85228291　85228292　85226712
传　　真：（8620）85221583（办公室）　85223774（营销部）
网　　址：http：//www. jnupress. com
排　　版：广州尚文数码科技有限公司
印　　刷：广州市穗彩印务有限公司
开　　本：787mm×1092mm　1/16
印　　张：12. 25
字　　数：245 千
版　　次：2021 年 3 月第 1 版
印　　次：2021 年 3 月第 1 次
定　　价：49. 80 元

前　言

　　"小学英语 RLPR 话题教学模式研究"是基于语用、指向英语学科核心素养的一种教学模式研究，它以认知心理学理论为基础，以学生的发展为本，以培养学生的英语表达能力为目标，努力提高学生的综合语言运用能力。该模式包含引起关注（Raise concern）—学习新知（Learn）/链接（Link）—练习实践（Practice）/准备发表（Prepare to report）—发表汇报（Report）四个教学程序或过程，取其英文首写字母，简称 RLPR 话题教学模式。我们历经三年的实践与探索，以话题和活动为中心，以发表汇报为任务驱动，有效地提高了学生的综合语言运用能力，培养了他们的学习兴趣和自信心，发展了他们的语言技能，实现了英语教学的高效课堂，让教师易教、学生爱学，初步完成了由英语教学到英语教育的转变。

　　该课题由主持人高小兰负责申报，于 2015 年 4 月获得广东省教育科学"十二五"规划课题立项（2014YQJK023），借助广东省高小兰名师工作室平台和2015—2018 年广东省骨干教师及广东省中小学"百千万人才培养工程"名教师培养对象、西藏地区英语骨干教师等共六批学员来工作室跟岗的机会，进行同课同构和同课异构相结合的课例研讨与实践，打造了 60 多节精品课。课题组共发表论文 12 篇，其中 1 篇发表于《中国人民大学复印报刊资料》重要转载来源期刊《教育导刊》，1 篇发表于核心期刊。课题成果丰富、成效显著，2017 年"小学英语 RLPR 话题教学模式的构建与实施"获广东省教育教学成果奖（基础教育类）一等奖，2018 年 6 月申请免鉴定结题并获得优秀等级。

　　该模式不仅适用于广州使用的教育科学版小学英语教材，还适用于其他版本的教材，如潮州饶平使用人教版英语教材，在饶平送教的 13 节课均运用该模式进行异地教学与课例展示，获得当地师生的好评。该模式应用广泛，在广东省内超过 30 个单位发挥了示范引领作用，课题组还应邀在广西桂林、湖南常德、福建莆田、中国教育学会外语教学专业委员会学术年会进行了专题讲座和发言，该模式受到好评并得到推广。课题成果具有一定的前沿性和开创性，对学科发展有较大的指导意义。

该模式具有自己的变式，各环节并不是固定不变的，而是互相融合、互相渗透的，必要时也可互换顺序。但任何事物都不可能是完美的，该模式也不例外，肯定存在很多不足之处，恳请各位读者不吝赐教，给予批评指正。

高小兰

2021 年 1 月

目 录
CONTENTS

上编

教学论文

小学英语 RLPR 话题教学模式研究

《义务教育英语课程标准（2011 年版）》明确提出义务教育阶段英语课程的总目标是"通过英语学习使学生形成初步的综合语言运用能力"。随着 2003 年以来全国中小学课程改革的推进，广州市小学英语教学也全面实施新课程改革。然而，在新课程改革后，教材难度加大，教学内容增多，这与编制教师偏少、课时量多（每位教师需承担 4～5 个三至六年级班级的教学）、教学任务繁重形成矛盾。同时，根据《义务教育英语（1～6 年级）教学指导意见》，一至二年级的终结性评价以口语测试为主，三至六年级则采用口试与笔试相结合的方式考查，导致课堂教学应试倾向明显，作业较多，学生兴趣不浓，教育教学质量受到影响，学生综合语言运用能力较差，自信心不足。如何提高学生的综合语言运用能力，从而培养他们的自信心，亟待一线教师进行深入研究。基于此，经过几年的研究与实践，笔者构建了"小学英语 RLPR 话题教学模式"。

一、小学英语 RLPR 话题教学模式的理论基础

（一）教学模式的概念

教学模式又称教学结构，简单地说就是在一定的教学思想指导下所建立的比较典型的、稳定的教学程序或阶段。它是人们在长期教学实践中不断总结、改良而逐步形成的，它源于教学实践，又反过来指导教学实践，是影响教学的重要因素。

关于教学模式的概念，众说纷纭。有人认为教学模式是一种教学理论，有人认为它是一种教学方法，也有人认为它是一种教学策略，还有人认为它是一种教学结构。笔者比较认同章兼中教授的界定，他认为教学模式是用简单的语言、符号或图表等方式表达、反映特定的教学理论，并根据特定的教学目标而设计的、比较稳固的各类教学活动顺序结构的程序及其教学策略、教学方法系统的整合体。

（二）小学英语 RLPR 话题教学模式的理论基础

小学英语 RLPR 话题教学模式的构建，以课程标准为指导，以美国教育心理学家加涅的信息加工学习理论为依据。加涅认为，学习的典型模式是学习与记忆的信息加工模式。在这一模式（见图 1）中，外界环境中的刺激通过感受器转变为神经信息到达感觉记录器，其中部分被感觉登记了的信息进入短时记忆。短时记忆里的信息经过编码储存在长时记忆里，当需要使用信息时，通过检索，将信

息从长时记忆中提取出来。信息被提取后，将有的信息直接导向反应发生器，有的又回到短时记忆，在短时记忆中对提取出的信息进行核实确认，合适的则通向反应发生器，反之回到长时记忆中进行再次提取。这些成功提取出来的信息最终通过效应器作用于环境。除此以外，该模式还包括执行控制和预期两个部分，它们影响着信息加工的整个过程，是信息加工模式中的重要结构，其中执行控制（认知策略）起着调节和控制作用，预期（动机）起着学习定向作用。

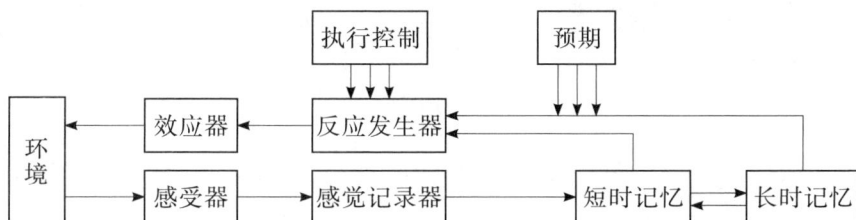

图 1　学习与记忆的信息加工模式

从信息加工模式中可以看出，学习是学生与环境相互作用的结果。据此，加涅将学习的过程分为八个阶段（见图 2），各阶段设有相对应的教学事件（加涅将每个学习阶段中发生的事称为教学事件），在这个过程中，学生对外部环境的刺激进行内部加工。

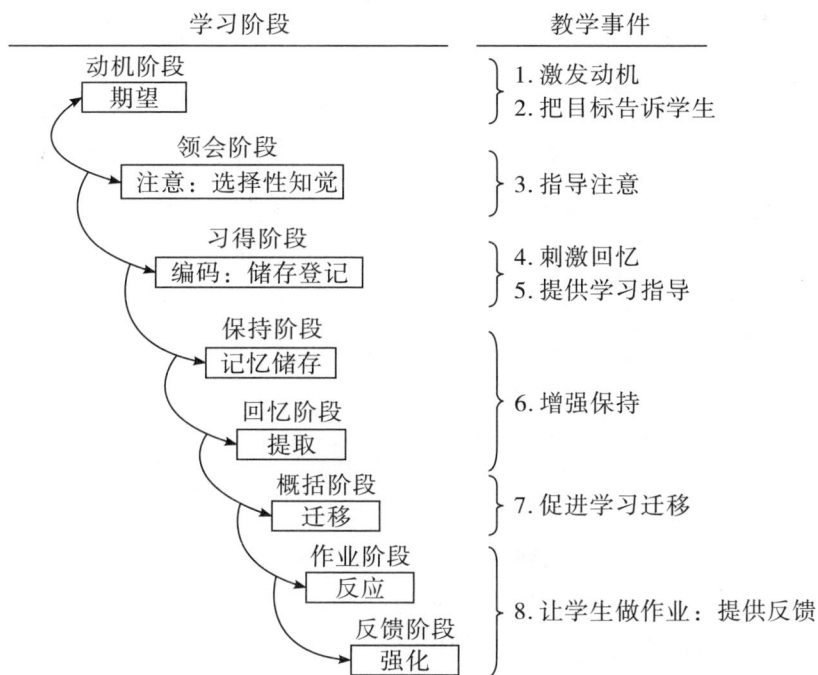

图 2　学习阶段与教学事件的关系

基于学习是在外部教学指导下的学生内部对知识加工过程的认识，加涅认为教学是一种外部事件，可以通过教学设计来影响学习的内部过程。因此，加涅依据其学习理论提出了教学设计的模式，该模式主要包括九个部分：引起注意，告知目标、激发兴趣，刺激回忆先决条件，呈现刺激材料，提供学习指导，引出行为，提供反馈，评估行为，促进保持和迁移。

这九个部分在教学过程中，由于分得太细，不便于教师记忆，因此不能很好地、广泛地被应用于课堂教学；此外，该模式仍只停留在知识的教学层面，没有落实到人的教育。结合加涅的信息加工学习理论及我国课程标准的要求，笔者设计的小学英语 RLPR 话题教学模式涵盖加涅的九个教学事件，并有所提升。

二、小学英语 RLPR 话题教学模式的教学程序、教学原则与策略

小学英语 RLPR 话题教学模式分为四个程序：引起关注（Raise concern）—学习新知（Learn）/链接（Link）—练习实践（Practice）/准备发表（Prepare to report）—发表汇报（Report）（包含反馈与评价），每个程序取其英文的第一个字母，简称 RLPR 话题教学模式。这四个程序相互联系、相互融会、相互渗透，顺序也可根据需要而变换，如此循环往复，互为提高，组成一个完整的课堂教学结构体系。

（一）引起关注（Raise concern）

1. 内涵

引起关注是指教师在上课的第一个环节就要想尽办法吸引学生的注意，引起学生的兴趣，激发学生学习的内在动机，并告知学习目标，从而引起学生的关心和重视，吸引学生去关注教师和教师要呈现给学生的知识，调动学生学习的积极性。这就包括加涅的引起注意，告知目标、激发兴趣等教学事件。

（1）引起注意。

教学要吸引学生把注意力集中在所学的主要信息上，并用各种直观手段、现代技术、动作表情等引起学生的注意。

（2）告知目标、激发兴趣。

组织学习内容和使用策略方法要考虑到如何吸引学生的注意、引起学生的学习兴趣和激发学生的学习动机。告知学生学习目标能给学生指明努力方向，学生就能形成学习的心理定式和达到具体目标的期望。

而注意是对刺激的有意识关注，是将心理活动指向并集中到某些刺激的过程。对感觉记忆中的信息的加工是从注意开始的。注意是外界信息进入大脑的门户，只有受到注意的信息才能得到大脑的进一步加工。其他的加工都有赖于学生对学习环境中的适当刺激的注意程度。每个人都会对自己感兴趣的事物给予优先注意和积极探索，并表现出心驰神往。人格心理学家阿尔波特认为人类有一种

"自主性功能"，就是兴趣。兴趣是感情状态，而且处于动机的最深水平，它可以驱策人去行动。因此，在上课的开始，教师要千方百计安排一些学生感兴趣的练习活动，吸引学生的注意，提高学生的兴趣，激发他们学习的内在动机，引起关注。

（3）刺激对先前学习的回忆。

如果一个人对某项事物没有认识，就不会产生情感，也不会对它产生兴趣。相反，认识越深刻，情感就越丰富，兴趣也就越浓厚。认知心理学也强调人已有的知识和知识结构对行为与当前的认知活动起决定作用。因此，教师在"引起关注"这一环节还要重新唤起学生对与本课相关的已有的知识和知识结构的记忆，从而对新知识产生好奇。

教师还应坚持复现性原则，复习与本话题相关的旧知，唤起学生的记忆和兴趣，从而引起学生的关注，为下一步学习新知做好铺垫。

这一阶段的主要功能是为学生开展新的学习提供有利的学习条件，以便新的学习任务能够顺利进行。

2. 教学原则与策略

在这一阶段，遵循课堂练习设计的趣味多样性原则、目的性和针对性原则、复现性原则等，采用各种直观手段、现代技术、动作表情等引起学生的关注，如可采用小诗、歌曲、游戏、故事等内容形式，自由谈话、提问、思维导图、头脑风暴等教学策略，设计趣味性强且有目的性和针对性的练习活动，激发学生的学习兴趣，引起关注，复习旧知，为下一步学习新知做好准备；同时培养与保持学生学习的积极性和良好的学习习惯，提高学习效率，培养学生的语言能力、文化意识、思维品质和学习能力，为学生的终身学习奠定良好的基础。

例 四年级下册（教科版）Module 4 "Activities" Unit 8 "What Are You Doing?" 教学

在引起关注阶段，根据课堂练习设计的趣味多样性原则、目的性和针对性原则、复现性原则设计三个练习活动：

1. 歌曲导入（Sing a song：*I'm Having a Happy Time*），引起关注。

【设计意图】通过观看视频，师生一起边演唱歌曲边做动作，活跃气氛，吸引学生的注意，引起学生的关注；同时通过复习二年级已学的这首歌曲，刺激对先前学习的回忆，复习与本课相关的现在进行时的句型。

2. 进行自由谈话（Free talk），教师通过提问引起学生的关注。

T：What day is it today？P1：It's...

T：What do you usually do on...？P2：I usually...

T：What do you often do when you have free time？P3：I often...

【设计意图】问题引入，引起学生的关注与思考，集中学生的注意力，复习上节课所学的一般现在时的句型，刺激对先前学习的回忆。

3. 快速反应（Give the fast response），关注游戏。

通过快速反应，迅速读出转盘上手指所指向的动词短语并正确做出该动词所表示的意义动作，引起学生的关注，刺激对先前学习的回忆，起到有效复习已学动词短语的作用。

T：Let's play a game! Give the fast response. Please read out the expressions and do the actions.

P：Go running, listen to music, watch cartoons…

【设计意图】由自由谈话引入，复习 Unit 4 至 Unit 7 学过的动词短语，通过 TPR 教学加强学生对动词短语意义的理解，教师出示图片提醒是为了帮助后进生加强对这些动词短语的记忆。这一环节的目的是将复习的内容设计成游戏，让学生参与游戏，激发兴趣，引起关注，有效复习动词短语 listen to music、watch TV、email my friends、have a picnic、take photos 等，为新知识的学习做铺垫。

（二）学习新知（Learn）或链接（Link）

1. 内涵

教师引起学生的关注并将学生的积极性调动起来后，应马上教授新知。由于这时学生的注意力高度集中，其学习新的知识时易于接受信息，并进行编码、储存，学习效率高。我们将这一程序称为学习新知。在这个过程中，我们要注意为学生提供学习指导，目的就是帮助学生对新获得的信息进行编码，以将其纳入原有的知识结构中，并储存在长时记忆里。这一程序实际上包含了呈现刺激材料和提供学习指导。

这个程序中原来只有学习新知，当笔者将这一模式应用于教学实践进行检验时发现，该模式只适用于新授课。对于复习课来说，"学习新知"到底学什么呢？这在实施过程中并不明确。一开始上复习课时，笔者在短文阅读或写作教学中，穿插一些与话题相关的拓展词汇或句型，当作学习新知，但在实施过程中还是觉得有些牵强。经过实践和思考，笔者认识到复习课中最重要的不是学习新知，而是链接，是对该单元或话题的整个知识结构的回顾、梳理、归纳与综合运用，因此，复习课最重要的是要链接该单元或话题相关的知识，让学生能够有整体观并综合运用学到的知识。至此，第二个程序最终明确为学习新知（新授课）或链接（复习课）。

2. 教学原则与策略

在这一阶段，遵循课堂练习设计的目的性和针对性原则、趣味多样性和情境性原则、循序性和层次性原则、学习策略指导性原则、高密度大容量和复现性原则等，可采取情境、微课、游戏、思维导图、以旧引新、探究合作、文本重构等教学策略；新授课学习新知，复习课链接与该话题相关的旧知，复习与拓展，培养学生的语言能力、文化意识、思维品质和学习能力。两种课型的练习活动设计和运用的目标与内容不一样，因此具有很大的差异性，形式与要求也不一样。

例 学习新知：What are you doing? I'm…

教师由上面复习动词短语的游戏直接引入现在进行时，学习新句型 What are you doing? I'm…（引出课题）。

接着游戏中学生读出的最后一组动词短语，教师提问。

T：What are you doing? Are you taking photos?

（引导学生答）P：Yes, I'm taking photos.

T：Children, this class, we are going to learn（教师指课题，学生读）Module 4 "Activities" Unit 8 "What Are You Doing?".

然后教师在黑板上板书句子："What are you doing?"边板书边让学生用此句型向教师提问。

T：Ask me："What are you doing?"（引导学生问）

T（边答边板书）：I'm writing.

教师板书完后出示 PPT 让学生读出 write—writing.

T（继续问学生）：What are you doing?

（引导学生答）P：I am having an English class.

教师出示 PPT 让学生读出上面的句型及 have—having.

在这里，教师根据情境性原则，采取情境设置策略，设计了一个真实而自然的情境，让学生感知、领会现在进行时的表达、结构和意义。

（三）练习实践（Practice）或准备发表（Prepare to report）

1. 内涵

新知识进入感知系统和记忆系统后，还需要进行交换、操作、检索，即控制系统，为下一阶段的提取和使用做好准备，我们把它叫作练习实践（新授课）或准备发表（复习课）。这一阶段包含引出行为（诱引行为），即通过学习指导，了解学生是否掌握了应该掌握的内容，或者说学生是否达到了之前所提出的教学目标，这必须通过具体的行为来判断，那就是练习实践。当然，在这个过程中，由于学习的是新知识，操练中肯定会有学生出现错误，如漏掉现在分词 ing 的读音或少了 be 动词等。教师应及时对学生的行为、反应提供反馈，肯定好的地方，纠正错误，鼓励学生流利地表达等；让学生知道学习结果，以检查自己当前对学习内容的理解是否正确以及掌握程度如何。这不仅有利于学生及时纠正错误，还有利于学生培养学习自信心。因此，这一程序其实包含了引出行为（诱引行为）和提供反馈两个教学事件。

2. **教学原则与策略**

在这一阶段，遵循课堂练习设计的目的性和针对性原则、趣味多样性和情境性原则、循序性和层次性原则、学习策略指导性原则、运用性原则、复现性原则等，在新授课中可采取游戏、竞赛、谜语、小诗、歌曲、对话、小组操练等教学策略，设置趣味性强的练习活动进行练习实践；亦可采取竞赛、小组活动、调查、任务、评价等教学策略，准备发表，为下一程序"发表汇报"做好语言和情境方面的准备。

例　学生学习新句型 What is he/she doing? He's/She's...后，教师根据趣味多样性原则、复现性原则，采取游戏的教学策略，寻找与学生密切相关的生活材料，利用班上同学和教师的照片，设置了一个猜测游戏，操练、巩固上面所学的新句型。

T：Let's play a guessing game. Look at this one. Who's he/she?

P：He's/She's×××.（班上同学或教师）

T：What is he/she doing?

P：He's/She's reading/eating/dancing. （示范见图3）

教师设置了猜测图，最后引出学习 dance—dancing。

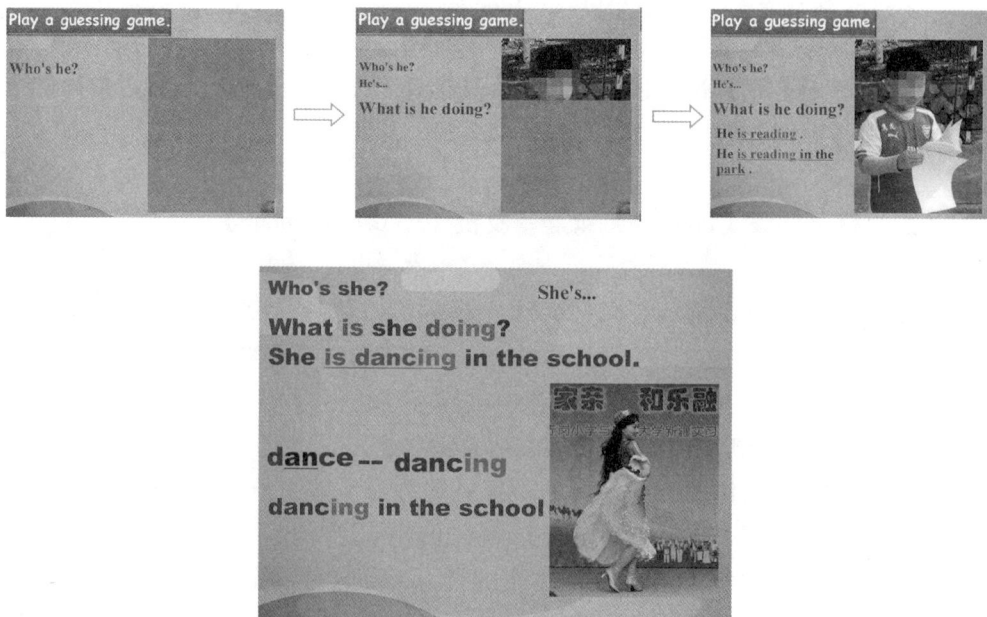

图3　猜测游戏

【设计意图】通过猜测学生最感兴趣的同学或教师的照片，吸引学生的兴趣和注意力，引起关注（如果教师在教学的每一个环节和程序中都能首先引起学生的关注，那么课堂教学自然高效），操练、巩固句型 What is he/she doing? He's/She's…（运用知识）。

在这一过程中，教师利用猜测游戏，让学生在玩中学、在做中用，提高了学生的学用能力，增强了学生的学习兴趣和学习积极性，培养了学生的英语素养。

（四）发表汇报（Report）（包含反馈与评价）

1. 内涵

信息加工的第四个系统是反应系统，即信息的提取和使用。学生只有做到学以致用，将学到的新知识运用到新的情境或实践中去，新知识才能内化为学生大脑里的知识，才能真正被掌握。这也是加涅所说的第八个教学事件"评估行为"和第九个教学事件"促进保持和迁移"。

（1）评估行为。

为什么要评估行为？加涅认为，不能因为学生一次的行为就简单地认为学生已经掌握了新学习的内容。因为一次表现常带有偶然性，可信性不强，所以需要教师进行行为评估，以确定学生已经掌握了新学习的内容。教师一般通过要求学生在不同的情境中表现学习行为来评估学生对新学习的内容的掌握程度，如通过课后作业、单元测验或平时的观察等来评估。

（2）促进保持和迁移。

促进保持是指对已经学习的信息加强复习、练习，使所学的信息能长期保持、储存于大脑记忆中。促进迁移是指学生能将所学的信息迁移到新信息的情境中加以运用。

针对加涅所说的这两个教学事件，很多教师布置家庭作业，以便促进新知识的保持和迁移，但教师难以及时提供反馈与评价，容易导致教学效率下降。为了使学生能在当堂课上灵活运用所学的知识，从而提高课堂的教学效率，笔者将课堂教学的第四个程序设置为"发表汇报"，目的是给学生提供一个展示汇报的平台，一方面给学生设置了新的任务和情境，让学生做到学伴用随、学以致用，促进学生对所学新知识的保持和迁移，同时提供反馈与及时评估，增强学生的自信心，另一方面让学生上台展示汇报，长此以往，可以培养学生大胆说英语、大方说英语的习惯，从而提高学生的语言能力，特别是综合语言运用能力。同时，在发表汇报的过程中，教师及时提供反馈、评估与鼓励，能够有效地增强学生的自信心，并能让学生学会如何将中国传统文化用英语表达出来与传播到世界，培养了学生的文化意识；毋庸置疑，这一程序自然也是对学生思维品质和学习能力的培养。这与现在所提倡的英语学科核心素养相吻合，说明我们的研究方向是正确的。因此，这一程序能够发展学生的素养，落实教育的根本任务——立德树人，这也是 RLPR 话题教学模式与加涅的教学模式的重要区别所在。

当然，课后我们仍然会布置家庭作业，继续强化记忆和促进迁移，下节课再次对学生进行评估与刺激对先前学习的回忆。同时，还会通过形成性评价测试和终结性评价测试加强复习、练习所学的知识。如此周而复始，便能促进知识的保持和迁移，使所学的知识能长期保持、储存于大脑记忆中。

2. 教学原则与策略

在这一阶段，遵循课堂练习设计的目的性和针对性原则、运用性原则、反馈性和评价性原则等，可采取个人讲述汇报或小组汇报（reporting）、复述（retelling）、角色表演（role-play）、书面展示（writing）、展示（show）、海报张贴（poster）等教学策略，发表汇报，教师及时给予反馈与评价，培养学生的综合语言运用能力，促进心智发展，提高综合人文素养。

例　在上述课例的第四个程序"发表汇报"中，教师根据运用性原则设置了一个书面展示的任务，让学生观看动画片《猫和老鼠》，然后根据图片（略）编故事（Make a story according to the pictures）。此活动共分为四个步骤：

①Watch the video of *Tom and Jerry*.

T：Children，do you like watching cartoons？

Ps：Yes，I do.

T：Now let's watch the cartoon *Tom and Jerry*.

【设计意图】让学生观看喜爱的动画片《猫和老鼠》，为下一步的连环画故事的编写提供素材，激发兴趣。

②Lead to read the new words of this story.

fighting（打），fainting（晕倒），falling into the hole（掉进洞里）。

【设计意图】教师引导学生读出上面三个新单词和短语，既能降低学生编写的难度，又能保证故事编写的完整性。

③根据图片和提示词，四人小组合作完成故事的编写。（可自由选择下面的其中一篇完成编写）

Make a story according to the pictures of the cartoons.（根据教师出示的连环画《猫和老鼠》编写故事）

Tom and Jerry

Tom is a cat. Jerry is a mouse. They are living in the same（同一个）house.

Picture 1. Look，Jerry is in the box. His friend is walking.

Picture 2. Tom is _____. He wants to catch（抓住）the mouse Jerry.

Picture 3. The bird is _____. He wants to help Jerry.

Picture 4.　Look！He is _____ Tom.

Picture 5.　Tom _____ on the floor.

Picture 6.　Jerry is very happy.　He _____ with the bird.

Picture 7.　Tom is very angry（生气的）.　He _____.

Picture 8.　_____

Picture 9.　_____

_____

_____

Tom and Jerry

Tom is a cat.　Jerry is a mouse.　They are living in the same（同一个）house.

Look，Jerry is in the box.　His friend is walking.　Tom is running after them.　He wants to catch（抓住）the mouse Jerry.

The bird is _____

_____

_____

_____

【设计意图】通过观看动画片《猫和老鼠》，吸引学生的注意力，为下面编故事汇报的任务打下基础。看完动画片后，教师用图片展示动画片中的主要角色及故事情节，并给予提示词，引导学生读出新单词，减少学生运用的困难。教师给出任务，根据练习活动设计的层次性原则，小组自由选择其中一篇，讨论并完成故事的编写，学会应用本节课所学的知识描述动画片，将语言知识内化为自己的知识，达成目标。

④选出一组上台汇报，通过汇报，达到语言输出的目的，形成语言意识，培养综合语言运用能力，同时培养学生大胆说英语、大方说英语的习惯，从而增强学生的自信心，促进学生健康成长。

教师根据小学英语新课程标准的要求，以反映学生语言表达能力的各项指标为标准对学生进行评价。具体评价标准如下：

（1）用词准确，合乎规范。　　A. 4　　B. 3　　C. 2　　D. 1（　　）

（2）语句通顺，没有语病。　　A. 4　　B. 3　　C. 2　　D. 1（　　）

（3）声音响亮，表达清晰。　　A. 4　　B. 3　　C. 2　　D. 1（　　）

（4）说话流畅，连贯得体。　　A. 4　　B. 3　　C. 2　　D. 1（　　）

（5）紧扣话题，观点明确。　　A. 4　　B. 3　　C. 2　　D. 1（　　）

（6）举止端庄，大方得体。　　A. 4　　B. 3　　C. 2　　D. 1（　　）

三、反思与展望

（一）研究的亮点

本研究经历了三年的实践与探索，通过同课同构与同课异构相结合、本地教学与异地教学相结合的方式，开展了80多节课的课例研讨活动，产生了广泛的影响。上课教师包括笔者所在学校的英语教师、广东省高小兰名师工作室成员及学员、广州市骨干教师、广东省三批骨干教师、广东省中小学"百千万人才培养工程"名教师培养对象、广东省优秀青年教师、西藏地区英语骨干教师等。通过三年的课例研讨与实践，证实了RLPR话题教学模式能够很好地调动学生的积极性，并以活动为中心，以发表汇报这一任务为驱动，很好地培养学生大胆说英语的能力。笔者的广东省名师工作室跟岗活动开展两年来，来笔者所在的学校上课或听课的工作室成员及省级以上骨干教师一致反映学生上课时表现得大方得体，综合能力很强，举手发言很积极。

每次课例研讨活动后，笔者会给上课和听课的教师各发一张调查问卷让其回答，以了解该教学模式的实施效果。调查问卷先后发出256份，有效填写256份，调查结果显示：一是实用性评价，认为该教学模式很实用的占68.36%。二是创新性和启发性评价，认为该教学模式有创新的占78.91%，认为有启发的占68.36%。三是学生的学习效果评价，认为学生的综合能力得到培养的占80.86%，认为学生的学习积极性高的占82.42%，认为互动性好的占89.45%。四是任课教师使用该模式的教学效果评价，认为任课教师使用该模式的教学效果令人满意或非常满意的占97.27%。五是教师教学设计评价，有87.11%的调查对象认为该模式对自己的教学或教学设计帮助很大，对教学效果满意，并表示会将该模式应用到自己的日常教学中。

另外，该模式实施以来，教师普遍反映其能很好地帮助青年教师成长。表1是应用该模式上评比课获奖或开展示范课与讲座的情况：

表1　应用小学英语 RLPR 话题教学模式上评比课获奖或开展示范课与
讲座的情况（2015 年 6 月至 2017 年 12 月）

课例	部级优课	省级优课	市级优课	区级优课	区级课例竞赛一等奖	区级以上示范课	区级以上讲座
个数	3	3	6	6	3	13	9
分计	18				3	13	9
合计	43						

（二）研究的局限性

虽然该模式能够有效提高课堂教学效率，迅速帮助青年教师掌握课堂教学的程序和要求，且该模式有自己的变式，各程序可以相互渗透，顺序可以互换，但是很多专家仍然不赞成教学模式化，认为模式容易让人僵化。任何模式都有优点和缺点，本模式重在关注学生的发表汇报，这是优点，但这一点也会给教学带来局限，即在关注学生的发表汇报的同时容易忽略对其他能力的培养，如何尽可能地弥补缺陷便是下一步深入研究的任务。

参考文献

［1］章兼中. 英语教学模式论［M］. 福州：福建教育出版社，2016.

［2］张攀，仲玉英. 基于加涅信息加工学习理论框架下的小学英语课堂教学设计［J］. 现代教育科学（普教研究），2010（5）.

［3］杨春艳. 加涅［M］. 北京：北京师范大学出版社，2012.

［4］高小兰. "小学英语课堂练习的有效设计"的行动研究案例［J］. 小学教学研究，2011（4）.

［5］高小兰. 小学英语练习的有效设计与组织运用［M］. 西安：世界图书出版西安有限公司，2016.

［6］王初明. 学相伴　用相随：外语学习的学伴用随原则［J］. 中国外语，2009（5）.

［7］中华人民共和国教育部. 义务教育英语课程标准：2011年版［S］. 北京：北京师范大学出版社，2012.

［8］程晓堂，赵思奇. 英语学科核心素养的实质内涵［J］. 课程·教材·教法，2016（5）.

（高小兰，深圳市龙华区教育科学研究院附属小学）

基于新课标的小学英语 RLPR 话题教学模式整体实施原则

小学英语 RLPR 话题教学模式包含引起关注（Raise concern）—学习新知（Learn）或链接（Link）—练习实践（Practice）或准备发表（Prepare to report）—发表汇报（Report）（包含反馈与评价），每个程序取其英文的第一个字母，简称 RLPR 话题教学模式。该模式坚持以话题为中心，以活动为途径，以情境为主线，以展示汇报这一任务为驱动，能够有效地培养学生用英语大胆说话的能力，从而提高学生的综合语言运用能力和增强自信心。

　　该模式以《普通高中英语课程标准（2017年版）》和加涅的信息加工学习理论为基础。它融入了加涅的九个教学事件，并结合新课标的要求，对加涅的九个教学事件扬长避短，进行优化组合，形成新的RLPR话题教学模式。在实施RLPR话题教学模式时，我们除了以文本为基础、以学情为前提、以教学资源为辅助外，还要遵守以下原则，才能更好地反映新课标的理念和要求，培养学生的学科核心素养，落实立德树人的根本任务。

一、以话题为中心

　　话题就是谈话的主题。《普通高中英语课程标准（2017年版）》强调以主题为引领，促进学科核心素养培养目标的落实。无论是哪个版本的小学英语教材，都是按照主题来编排的，一个大单元就是一个主题。但在短短的40分钟课堂上，我们很难围绕一个主题进行深入探讨和学习。一个大单元主题下又分为几个小话题，每个小话题就可以在一节课内进行学习和探讨，最后汇聚成一个大主题，进行归纳、梳理和总结。从这个意义上来说，主题的含义与范围要比话题更大、更广，主题包含了话题。这也是我们小学英语RLPR话题教学模式在新授课和复习课中所讨论的话题与主题，新授课讨论的是小话题，复习课则是围绕大主题来展开的。虽然话题与主题存在内涵与外延上的差异，但它们的主旨与目的一致，都是为语言学习提供意义语境，并有机渗透情感态度和价值观，发展学生的核心素养，落实立德树人的根本任务。

　　基于新课标的小学英语RLPR话题教学模式首先强调坚持以话题为中心这一原则。在RLPR话题教学模式中，我们首先确立一个与学生的生活学习经验紧密相连并能引起他们兴趣的话题，围绕话题开展相关的语言知识和语言技能（包括听、说、读、写）等教学活动，同时培养学生的英语核心素养，发展学生的语言能力、文化意识、思维品质和学习能力。

　　以上海教育出版社《义务教育教科书　英语》六年级上册（牛津深圳版）Unit 5 "Animals in Danger" Listen and say部分为例，这节课我们六年级教师进行同课同构，几位教师分别上了这一课，效果都非常好。在这节课中，我们以"Animals in danger"这一与学生的生活学习经验紧密相连并能引起他们兴趣的话题为中心，设计歌曲和猜测游戏等，调动学生已有的关于这一话题的语言知识和生活经验，开展相关的语言技能教学活动，让学生学会使用"In the past, there were..., but now there are..."表达野生动物过去和现在的数量变化，帮助学生建构和完善对一般过去时及一般现在时的表达内容与形式上的区别的认识，深化对该话题的理解，发展学生的语言能力和思维品质。同时围绕该话题讨论"Why are the animals in danger? What should we do? What shouldn't we do?"，培养学生的情感态度和价值观，提升学生的核心素养。

学生对主题语境和语篇理解的深度直接影响学生的思维发展水平和语言学习成效，也直接影响到学科核心素养的落实程度。因此，教师要以话题为中心，引领学生语言能力、文化意识、思维品质和学习能力的融合发展。

二、以情境为主线

《普通高中英语课程标准（2017 年版）》强调"以主题为引领，使课程内容情境化，促进学科核心素养的落实"。《义务教育英语课程标准（2011 年版）》提出"主张学生在语境中接触、体验和理解真实语言，并在此基础上学习和运用语言"。因此，基于新课程标准的小学英语 RLPR 话题教学模式在整体实施时要坚持以情境为主线，教师应根据教学内容努力创设情境，组织教学活动，"尽可能多地为学生创造真实语境中运用语言的机会"。

情境是指在英语教学活动设计与实施时，要克服缺乏母语环境和学习氛围的困难，运用现实生活中学生喜闻乐见的时事、新闻、生活见闻等素材进行精心编排，为学生提供一些模拟的情境，使他们沉浸在丰富的、强化的、持续不断的英语环境中，去理解所学的内容，接受所学的语言。

在以主题意义为引领的课堂上，教师要通过创设与主题意义密切相关的语境，充分挖掘特定主题所承载的文化信息和发展学生思维品质的关键点，基于对主题意义的探究，以解决问题为目的，整合语言知识和语言技能的学习与发展，使特定主题与学生生活建立密切联系，鼓励学生学习和运用语言，开展对语言、意义和文化内涵的探究，特别是通过对不同观点的讨论，提高学生的鉴别和评判能力；同时，通过中外文化比较，培养学生的逻辑思维和批判性思维，引导学生建构多元文化视角。

仍以该课为例，我们围绕"Animals in danger"这一话题，使用相关的事例展示：新闻曾报道一名叫 Tippi 的法国女孩，从小在非洲丛林长大并与野生动物为友，10 岁后回到法国，但仍怀念非洲，24 岁时再次回到非洲，成为一个专门记录野生动物的电影人。我们以 Tippi 再次回到非洲后考察世界各地濒临灭绝的野生动物的生存情况为情境主线，贯穿整节课，以视频、图片、文字等形式呈现出来，使学生沉浸在令人震撼的、丰富的、强化的、持续不断的语言环境中，在语境中接触、体验和理解真实语言，并在此基础上学习和运用本节课要掌握的语言知识如核心词汇"hundred""thousand"和核心句型" In the past, there were…, but now there are…"，去介绍和描述各种濒临灭绝的野生动物，在这一过程中，练习听、说、读、写等语言技能，提高语言能力和学习能力。同时，在看到大量被屠杀的蓝鲸和被血染得深红的大海的视频时，学生深感震惊和痛惜，并一起呼吁人类不要屠杀动物："Please save the animals. Don't kill the animals."

积极思考"What should we do? What shouldn't we do?"，告知人们如何保护自然、保护濒临灭绝的野生动物，学生的情感达到高潮，他们的价值观和世界观在无形中得到培养与升华。这是一节真正的人性教育课。

可见，以情境为主线贯穿课堂教学的始终，能够将知识和技能的学习自然地融入情境中，使知识和技能得以发展，情感得以升华，真正达到教书育人的效果，避免出现单纯的碎片化知识传授与教育教学割裂的现象，能够很好地落实立德树人的根本任务。

三、以活动为途径

《普通高中英语课程标准（2017 年版）》提出"实践英语学习活动观，着力提高学生学用能力"，"倡导指向学科核心素养的英语学习活动观和自主学习、合作学习、探究学习等学习方式"。因此，基于新课程标准的小学英语 RLPR 话题教学模式应坚持以活动为途径。

"以活动为途径"，是指在 RLPR 话题教学模式的各个环节中，教师应设计具有综合性、关联性和实践性的英语学习活动，使学生通过学习理解、应用实践、迁移创新等一系列集语言、文化、思维为一体的活动，获取、阐释和评判语篇意义，表达个人观点、意图和情感态度，分析中外文化异同，发展多元思维和批判性思维，提高英语学习能力和运用能力。

我们仍以上课为例，围绕"Animals in danger"这一话题，以 Tippi 再次回到非洲，开始拍摄濒临灭绝的野生动物并呼吁人们保护动物为情境主线，坚持以活动为途径，在各个教学环节开展丰富多彩的教学活动，让学生的语言能力、文化意识、思维品质和学习能力在活动中得到提高和发展，实现英语学习活动观，着力提高学生的学用能力。

（一）设计关联性活动

在引起关注阶段，我们设计了两项与本话题和本课相关联的活动，为后面的情境创设与语言知识的学习做好过渡和铺垫。

活动 1：Sing a song。让学生唱一首关于各种动物的歌曲 *Animal Finger Family*，边唱边跳。一方面，活跃气氛，激发兴趣，引起关注，迅速集中学生的注意力，为学习新知做准备；另一方面，激起学生对旧知的回忆，为新授做铺垫。

活动 2：Play a guessing game。让学生通过文字描述猜测的动物，复习已学动物名称及其特征表达法。同时根据描述和图意猜测图中的人物，从而引出 Tippi 这一人物，自然地过渡到学习新知阶段。

（二）设计综合性活动

在学习新知阶段，围绕话题和情境，我们设计了一些综合性活动，目的是让学生的语言能力、文化意识、思维品质和学习能力得到综合发展，而不是单一地发展某一方面的能力。

活动1： Talk about the picture。让学生猜测、谈论图片中的小女孩并回答"What's her name? Where was she born?"，从而引出 Tippi。再呈现一张世界地图，创设情境：Tippi 24 岁时回到非洲，看到被屠杀的凄惨的野生动物，自然引出话题"Animals in danger"，从而呼吁人们"help the animals"。这一活动既是情境的创设，又让学生谈论图片，培养了学生的观察力、思考力、想象力和语言表达能力，综合性极强。同时被屠杀的凄惨的野生动物引发了学生强烈的同情心，培养了学生的道德情感和世界观。

活动2： Play guessing games。假设 Tippi 来到中国，通过阅读篇章让学生猜测 Tippi 看到了哪些野生动物，感知如何描述与介绍野生动物 South China tigers 和 pandas 的外貌特征及生活习性。学会使用下列句型描述动物："They're big and strong…They live in…They eat（They like eating）…"这一活动设计通过阅读篇章和猜测游戏，培养了学生的阅读能力、思维能力、语言能力和想象能力，综合性很强。

活动3： Guess and watch a video。跟着情境中的 Tippi 来到日本，通过阅读篇章和猜测游戏，了解 blue whales 的外貌特征和习性，观看被屠杀的 blue whales 和被血染红的海水的视频后，学生感到非常震撼，强烈地感受到 animals in danger，激发了学生善良的天性。此项活动融知识与情感于一体，具有高度的综合性。

活动4： Listen and fill in the blank。通过设计一组具有综合性和关联性的听力活动，让学生根据听到的内容填写数据，通过前面三种野生动物过去与现在的数量对比，让学生体会并感受到野生动物濒临灭绝的现状，从而激发寻找与了解世界上还有哪些动物濒临灭绝的欲望（见表1）。

表1　**Listen and fill in the blank**

Animals	How many	
	Past	Now
pandas	many	about 1 600
South China tigers	many	about 30
blue whales	many	about 10 000

当然，在这一过程中教师将单词"hundred""thousand"及核心句型"In the past, there were many…But now there are only about…in the wild. They're in danger."融入活动中，使学生通过情境和活动学习与理解。

（三）设计实践性活动

在练习实践阶段，教师设计具有实践性的学习活动：一方面，让学生跟着情境中的 Tippi 再去世界各地了解到 polar bear、black rhino、Malayan tiger 三种濒临绝境的动物，将前面学习理解的知识在此进行应用实践，从而学会运用语言知识来表达个人观点和情感态度；另一方面，补充课文内容，扩大学生的视野和知识面，并让学生观察野生动物数量的变化，从而推理出动物濒临灭绝的情况，培养学生的推理能力和归因能力。

(四) 设计探究性活动

练习实践后，教师让学生根据前面提供的野生动物数量的变化，分组讨论："Why are the animals in danger?"学生讨论后汇报如下：

Some people kill them.

Some people kill them for money.

Some people kill them for food, and they also kill them for medicine.

The animals are in danger. They are sad.

由此继续让学生深入讨论："What should we do? What shouldn't we do?"教师引导学生小结归纳如下，给学生提供了丰富的语言输出机会（见图1）。

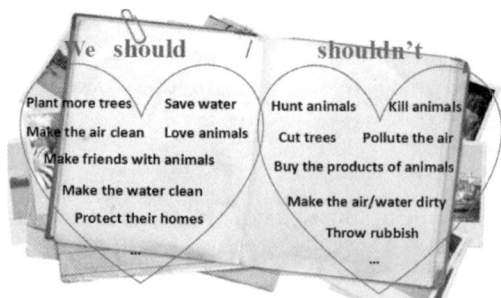

图 1　学生小结归纳

同时，教师引导学生小结归纳如何介绍野生动物和呼吁人们保护野生动物（见图2）。

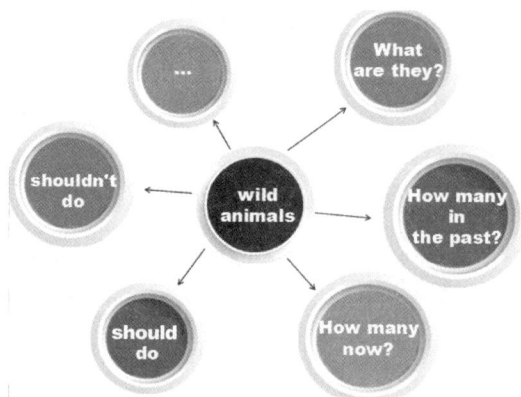

图 2　归纳如何介绍野生动物和呼吁人们保护野生动物

（五）设计创新性活动

在发表汇报阶段，教师创设一个新的话题和情境"Help animals"，让学生拿出课前查找的资料，分组合作，分工完成一幅关于保护野生动物的海报，内容包括剪贴或绘画一种濒临绝境的动物，对该动物的特征和习性进行描述，并提出应该怎样做、不应该怎样做才能保护这些动物。这是一个综合性、关联性、实践性和创新性很强的活动，教师布置新的任务，创设新的情境，让学生参与一些真实的活动，将本节课所学的知识迁移到一个新的情境中，学会运用与创新，最终内化为自己的知识和能力，做到学伴用随；同时也培养了学生的合作精神、创新意识和综合语言运用能力。

最后，学生分组进行汇报展示，提高了学生的口头表达能力与自信心，所有作品集结成册挂在教室，让学生进行分享与阅读，做到学以致用，学生也很高兴，学习兴趣和积极性大大增强。

总之，小学英语 RLPR 话题教学模式在整体实施时，要在文本和学情的基础上坚持以上原则，让学生从中获取知识，学会阐释与表达，并能评判与表达个人观点、意图和情感态度，发展多元思维和批判性思维，从而提高学生的英语核心素养，落实立德树人的根本任务。

参考文献

［1］高小兰. 小学英语 RLPR 话题教学模式研究［J］. 教育导刊，2018（4）.

［2］高小兰. 小学英语练习的有效设计与组织运用［M］. 西安：世界图书出版西安有限公司，2016.

［3］王初明. 学相伴 用相随：外语学习的学伴用随原则［J］. 中国外语，2019（5）.

［4］中华人民共和国教育部. 普通高中英语课程标准：2017 年版［S］. 北京：人民教育出版社，2018.

［5］中华人民共和国教育部. 义务教育英语课程标准：2011 年版［S］. 北京：北京师范大学出版社，2012.

（高小兰，深圳市龙华区教育科学研究院附属小学）

小学英语话题教学练习活动设计

新课程标准明确提出"通过英语学习使学生形成初步的综合语言运用能力"。然而在我们的课堂上，应试教育、填鸭式教学、本末倒置、形式化教学仍然常见，真正教会学生学习方法、启迪学生思维的教学方式偏少。从这种意义上来说，我们有必要对课堂教学的有效性进行研究。话题教学对教材进行了重组、开发与利用，能真正体现新课程标准的理念，并能促进学生综合运用英语的能力，是提升课堂教学效果的有效手段。

另外，随着《义务教育英语课程标准（2011 年版）》的颁布与实施，广州市小学英语教材再次进行了修订，选用了更贴近学生生活、更强调生活实际运用的教科版小学英语教材。这一教材以话题作为教学内容编排的主线，但一些单元的话题之间缺乏联系，学生遗忘速度加快，给教师的教学工作带来了困扰。如何围绕教材单元的话题展开深入的教学，是优化当前小学英语教学的重要课题。我们之前也进行了以下尝试：以话题为纲，在教学中将不同单元、不同年级的同一话题内容整合在一起设计跨课时、跨单元、跨年级的活动，使学生综合运用所学的内容进行交流，提高学生的综合语言运用能力。

一、围绕话题，巧用思维导图，链接旧知，理清思路

在话题教学活动中，教师应以话题为中心，巧用思维导图，串联相关知识（含已学习的板块），列出该话题所涉及的主要板块或新课程标准规定需掌握的词汇和句型，理清思路，培养学生的思维品质。无论是教师还是学生，都能看到思维导图便知要教（学）什么，导向十分清晰明确，使人一目了然。同时，能够跨越学段的时空，实现教材的重组，提高了知识的复现率，从而减少学生对知识的遗忘，有效地提高学生的综合语言运用能力。

例如，在学习"节日（Festivals）"这个话题时或学习后，我们可利用思维导图列出该话题涉及的两大板块——西方节日（Western Festival）和中国节日（Chinese Festival），然后将中国和西方国家的主要节日列出进行比较，并将两大板块涉及的关键词（keywords）和关键句（key sentences）列出，让教师和学生一看思维导图就知道该话题要掌握的知识，既可作为教师进行话题设计时的参考，也可供学生预习或复习时使用，思维导图让教与学都变得清晰简便、一目了

然（见图1）。

Festivals

Western Festival

Keywords:
Christmas, Christmas tree, Father Christmas, stocking, Halloween, Easter, decorate, trick or treat, Easter eggs, each other ...

Key sentences:
What do the people often do at...?
At Halloween children...
At Easter people...
Father Christmas brings presents to all the children.
He puts the presents into the children's stockings.

Activities:
1.听的活动：Listen to a song *Wish You a Merry Christmas*.
2.说的活动：Free talk /Talk about the pictures.
　　　　　　What do people do at the festival?
3.读的活动：Read the other countries' Christmas and answer the questions.
4.写的活动：Describe Christmas.

Chinese Festival

Keywords:
Dragon Boat Festival, zongzi, row, dragon boat, Mid-Autumn Festival, mooncake, Spring Festival, flower fairs, get together, have a big meal, lucky money...

Key sentences:
When is the festival?
What do people often do at the festival?
What's your favourite festival? Why?
What do they usually have for...?

Activities:
1.听的活动：Watch a video and answer questions.
2.说的活动：Look and say.（Talk about the festivals in groups.）
3.读的活动：Read the passage and choose the right answer.
4.写的活动：Describe Spring Festival.

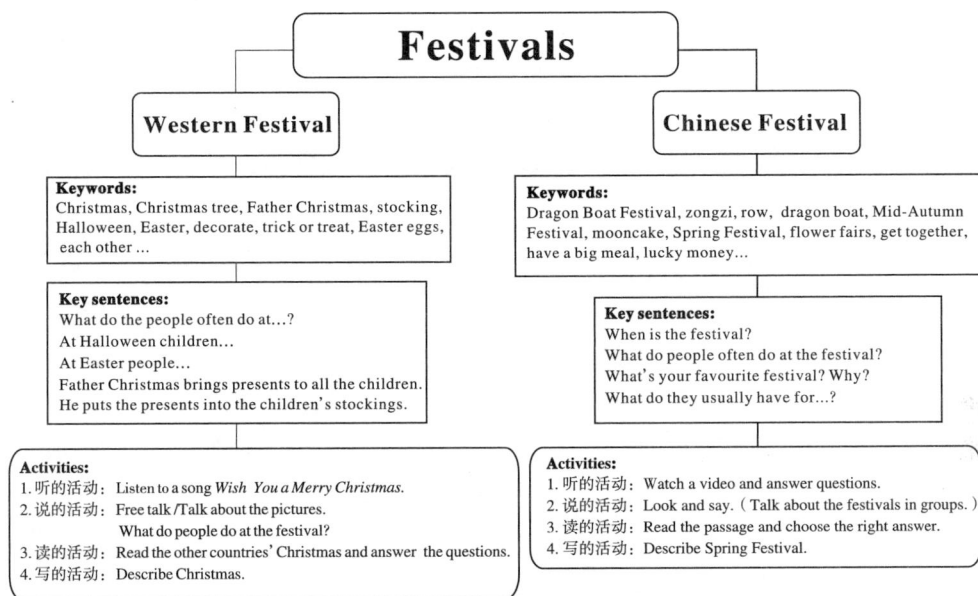

图1　"节日（Festivals）"话题思维导图

二、利用课堂练习设计三环图，进行话题练习活动设计

在思维导图的最后一个方框中，教师可根据新课程标准的要求，从听、说、读、写四个方面设计话题练习活动，亦能明白在英语教学中，对听、说、读、写各种技能都应予以关注并精心安排，不能顾此失彼。教师可从例子中感悟如何设计一些简洁又有效的练习，对学生进行思维训练或实践活动，真正实现新课程标准提倡的英语的实践性和应用性理念。

（一）听、说、读、写活动设计

教师根据话题涉及的主要内容设计听、说、读、写的训练活动。每个教学环节（如课堂准备"Preparation"、呈现与操练"Presentation and Practice"、巩固与发展"Consolidation and Development"）的练习活动都是在有效教学的理念指导下，围绕发展语言技能、提高综合语言运用能力这一人才培养目标，按照活动目的、活动内容、活动形式、活动过程（使用方法）、活动效果、活动说明（即适用阶段和范围）、活动材料、活动原则等方面（也叫练习目的、练习内容、练习形式……即课堂练习设计三环图，见图2）进行设计的，其能实现课堂练习的有效性，提高课堂效率。

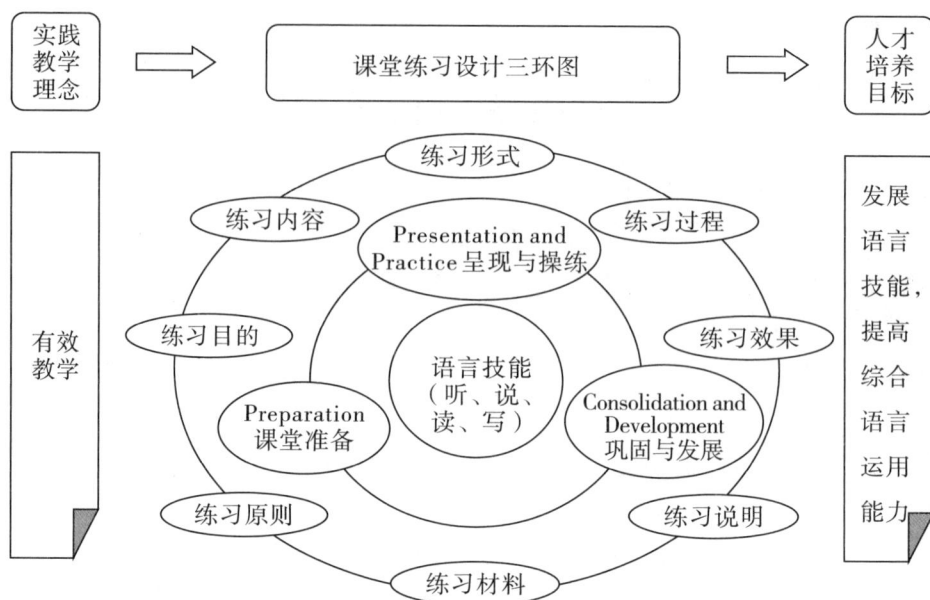

图2　课堂练习设计三环图

（二）案例

表1　六年级上册（教科版）Module 6 "Festivals" Unit 12 "Christmas" 练习活动案例

项目	内容
1. 活动目的	让学生熟悉掌握 "What do people often do on Christmas Day? …Christmas, they…" 的句型
2. 活动形式	四人小组看图讨论
3. 活动过程（使用方法）	当分层学完 "Christmas" 这一课的重点单词和句型后，教师创设一个综合性说话练习，目的是让学生综合掌握所学的单词和句型，并能流利地说出欧洲国家的人是如何庆祝圣诞节的，教师应注意由易到难的原则，或由学生选择性地谈论课件1或课件2。如：Before Christmas, they decorate their Christmas trees. Father Christmas brings presents to all the children. He puts the presents into the children's stockings… 小组讨论交流—小组汇报—师生评价

（续上表）

项目	内容
4. 设计原则	直观性原则、趣味性原则、交际性原则、层次性原则
5. 有关说明	这项活动是综合性听说训练，要在学生对新句型进行机械训练后展开，不可作为呈现阶段的训练
6. 使用材料	课件（如上）
7. 适用阶段和范围	这种练习形式适用新授课后的复习阶段或单元复习课，也适用于"Festivals"话题复习课
8. 效果反思	学生通过课件创设的语言环境，为教材中未出现的图片所吸引，并能积极思考、与同学交流。直观形象的画面不仅能唤起学生的记忆，也能帮助他们很好地交流。同时，小组交流照顾了学习程度中下的学生的学习，使他们学习更主动，学习效果良好

三、话题练习活动设计要考虑的因素

（一）因素

1. 练习主体

这是话题练习活动设计的重要基点，主要针对学生的原有认知水平、个性特征等进行分析，也体现了以学生为中心的教育理念。

2. 练习内容

活动内容的选择和组织是教学准备的基本工作，教材是活动内容非常重要的来源。教师应熟悉不同年级的教材内容，为话题练习活动设计提供材料。

3. 练习任务

话题练习活动设计的核心是活动任务的设计，活动任务不仅体现了话题练习活动的目标与内容，还决定了学生的练习方式。例如教"Job"这一话题时，围绕教学目标设计一个调查任务"Make a survey：What're your parents' jobs?"，这个任务就要采取小组合作的练习方式。

4. 练习流程

为了确保话题练习活动顺利开展，教师需要设计一定的流程或程序。如果设计了多个活动，必须按照由易到难、层层递进的梯度安排活动顺序。对此，教师要事先进行规划。

5. 练习组织

主要是指话题练习活动中的人员组织和空间安排，即教师要确定组织学生的活动形式以及活动座位的安排。

6. 练习成果

这是话题练习活动结束后的"产品"，它的质量直接反映了话题练习活动的质量。例如对于调查任务，学生需要完成一份调查问卷并进行汇报。

7. 练习时间长度

在有限的40分钟课堂里，教师必须大致明确话题练习活动的总体时间长度或每个练习活动环节的时间长度。对于年轻教师或教学经验不足的教师来说，最好是设计好每个练习活动的时间长度，才能真正保证课堂教学的有效性。

8. 练习规则

为了使话题练习活动顺利进行，教师需制定一定的规则。例如对于写作竞赛，要规定评比的规则和要求。

在话题练习活动过程中，上述各个要素并非各自独立的，而是彼此联系的，因此我们要理解活动的系统性、一致性。

（二）案例

在学习教科版四年级英语 Module 4 "Activities" Unit 8 "What Are You Doing?" 的巩固与发展阶段，学生已经学习了 "What is…doing? He/She is…"，因此教师可以设置一个给卡通连环画编故事的练习活动来拓展学生的知识与技能，让学生将课文中对话式的现在进行时表达改为描述式的现在进行时表达，描述连环画中动物正在做的事情，学会变式并能灵活运用。活动设置如下：

练习主体：四年级学生。

练习内容：巩固与拓展本节课学习的现在进行时的句型和用法。

练习任务：给卡通连环画（略）编故事。

练习流程：

（1）Watch the video of *Tom and Jerry*.

（目的：观看动画片《猫和老鼠》，帮助理解卡通连环画的内容）

（2）Lead to learn the new words of this cartoon.

fighting（打），fainting（晕倒），falling into the hole（掉进洞里）。

（目的：提供新单词，一方面扩充学生的词汇量，增加学生的词汇输入量；另一方面为学生更充分地给卡通连环画编故事提供便利）

（3）Make a story according to the pictures in groups.（小组合作，根据连环画《猫和老鼠》编故事）

Tom and Jerry

Tom is a cat. Jerry is a mouse. They are living in the same house. Look，Jerry's friend is walking with a bag. Jerry is in the bag. Tom is ＿＿＿＿＿＿＿＿＿＿＿＿＿＿＿。

练习组织：对刚接触现在进行时的四年级学生来说，此项练习活动要求把对话式变为描述式，具有一定的难度。因此，在活动形式上采用四人小组活动形式，降低难度，提高学生练习活动的积极性。

练习成果：选出1~2组向全班同学汇报，通过汇报，达到语言输出的目的，形成语言意识。

学生编写的故事如下：

Tom and Jerry

Tom is a cat. Jerry is a mouse. They are living in the same house. Look, Jerry's friend is walking with a bag. Jerry is in the bag. Tom is running after Jerry. He wants to eat Jerry. The bird is flying in the room. She wants to help Jerry. She is fighting Tom with a gun. Tom is fainting on the floor. Jerry is very happy. He is dancing with the bird. Tom is waking up. He is angry. He is putting Jerry on the rail. And he is driving the train to Jerry. But he is falling into the hole. Haha!

练习时间长度：共10分钟。观看动画片1分钟，学习新单词2分钟，小组合作完成连环画的故事编写5分钟，汇报展示2分钟。

练习规则：

（1）奖励分值标准：编完第1~5幅图，每幅图获得奖励分100分；编完第6~9幅图，每幅图获得奖励分200分。

（2）时间限制：5分钟。

（3）要求：表达正确，单词、语法及标点无错误。

【设计意图】通过观看动画片《猫和老鼠》，吸引学生的注意力，为下面编故事汇报的任务打下基础。看完动画片后，教师将动画片中的主要角色及故事情节用图片展示，并给予提示词，引导学生读出新单词，减少学生运用的困难；教师给出任务，学生进行小组讨论，完成故事，学会运用本节课所学的现在进行时描述连环画内容，将语言知识内化为自己的知识，达成教学目标。

四、精心设计与选择练习活动材料

在话题教学中，练习活动材料是指某一话题练习活动内容的各种载体。练习活动材料的选择要符合学生的实际水平，要进行精心的设计与选择，应注意以下原则：

（一）练习活动材料生活化

在设计与选择练习活动材料时，教师一定要注意练习活动材料的生活化，即教师在选定某一话题的练习活动内容时，要将练习活动内容与现实生活结合起来，把学生学习的知识与他们周围的现实生活联系起来，这样容易激发学生的学习兴趣，也有助于学生对知识的理解和吸收。

（二）练习活动材料组织结构化

每门课程都有自己的结构，它是系统的诸要素之间相对稳定的组织方式或联结方式。练习活动材料组织结构化方式有螺旋式组织、累积式层级组织、渐进分化与综合贯通式组织。如果教师在组织练习活动材料时注意建立组织结构，例如前面所说的围绕话题设计思维导图，将相关话题的知识板块进行归纳、整合，就能够帮助学生理清思路，有助于学生对知识的掌握、迁移与回忆。

（三）练习活动材料情境化

小学生的记忆思维以直观形象为主，因此，教师应力求从周围生活中寻找与话题相关的有用的材料来设置情境，让语言变得直观易懂，提高学生的学习兴趣，增强他们学习的主动性。例如在学习"Job"这一话题时，关于 lawyer、bank clerk、fireman、cleaner、athlete 等各种职业的名称，如果仅凭教师讲授或说出它们的中文意思，将会枯燥难记，但采用一些漂亮、夸张的相关图片或学生熟悉的各行各业的明星图片作为教学材料，学生一看就明白而且记忆犹新，对于句型"What does the man/the lady/he/she do? …is a…"的练习也更容易理解与掌握。新教材的情境性很强，如果不设置情境帮助学生理解，学生就会很难接受。因此每节课教师应尽量利用各种手段，寻找一些与话题相关的直观教学手段，如图片展示、投影、头饰表演、动作设置等，把抽象的文字语言变为直观可视的形象，既有助于学生对知识的理解与学习，又大大提高了他们的学习兴趣。

五、结语

针对小学英语话题教学练习活动设计，教师应根据新课程标准的理念与要求，围绕话题，巧用思维导图，培养学生的思维品质，整理所要掌握的词汇和句型；然后围绕话题根据语言技能的四个方面——听、说、读、写来设计各种练习活动，旨在培养学生的综合语言运用能力。在此过程中，我们还要兼顾话题练习活动设计要考虑的因素及练习活动材料的选择，以求达到更好的效果。

参考文献

［1］教育部基础教育课程教材专家工作委员会. 义务教育英语课程标准解读：2011 年版［M］. 北京：北京师范大学出版社，2012.

［2］高小兰. 小学英语练习的有效设计与组织运用［M］. 西安：世界图书出版西安有限公司，2016.

［3］崔允漷. 有效教学［M］. 上海：华东师范大学出版社，2009.

［4］何少庆. 英语教学策略理论与实践运用［M］. 杭州：浙江大学出版社，2010.

（高小兰，深圳市龙华区教育科学研究院附属小学）

小学英语 RLPR 话题教学模式"引起关注（Raise concern）"的教学原则与策略

　　教学模式是在一定的教学思想或教学理论指导下建立起来的较为稳定的教学活动结构框架和活动程序。小学英语 RLPR 话题教学模式指的是引起关注（Raise concern）、学习新知（Learn）或链接（Link）、练习实践（Practice）或准备发表（Prepare to report）、发表汇报（Report）四个教学环节。该模式遵循课堂活动设计的学习策略指导性原则、趣味多样性原则、目的性和针对性原则、复现性原则等，采取 chant 或 rhyme（小诗）、song（歌曲）、game（游戏）、story（故事）、free talk（自由谈话）、question（提问）、brainstorming（头脑风暴）、mind-map（思维导图）等教学策略，引导学生进行课前心理准备，引领他们进入学习状态，调动他们的学习经验和相关的知识储备，为学习新知做好铺垫，为后续的学习打下良好的根基。下面结合《义务教育教科书·英语》部分教学内容谈谈小学英语 RLPR 话题教学模式"引起关注"的教学原则与策略。

一、教学原则

（一）学习策略指导性原则

　　学习策略指导性原则是指在英语教学活动中，教师要有意识地通过课堂练习帮助学生形成适合自己的学习策略，并培养学生不断调整自己的学习策略的能力。

（二）趣味多样性原则

　　趣味多样性原则是指设计练习时应基于学生的知识、认知和心理发展水平，根据学生的年龄、生理特点、心理特点及不同年龄学生的兴趣、爱好、愿望，紧密联系学生的实际生活，选择具有时代气息的语言材料和丰富多彩的表现形式，设计生动活泼、互动性较强的语言学习等练习活动，增强学生的学习兴趣和学习动机。

（三）目的性和针对性原则

　　目的性和针对性原则是指练习活动设计要有明确的目的，并具有很强的针对性。

（四）复现性原则

复现性原则是指教师要有机地将新旧语言材料结合起来，注重语言知识在课堂的复现率，帮助学生在理解的基础上反复地复习已学的知识，加快学生学习新语言材料的速度。根据艾宾浩斯遗忘曲线规律，遗忘的进程是不均衡的，先快后慢。教师将新旧知识有机结合，让学生体验新知识如何与他们已学的知识相联系，既帮助学生巩固已学的内容，又加快学习新内容的速度，有利于提高学习效率。

二、教学策略

（一）自由交谈和提问教学策略

依据学习策略指导性原则、目的性和针对性原则，教师有目的、有针对性地设计课前几分钟的师生交谈，引导学生观察、发现、归纳和实践，让学生在和谐民主的氛围中进入新课学习，不仅有利于他们把握学习的方向，还有助于促进他们实践能力和创新思维的发展。

五年级上册 Module 5 "Foods We Need" Unit 10 "Different Tastes" Let's read 新授课。上课伊始，笔者首先跟学生聊聊他们的早餐："What did you have for breakfast this morning? Do you like your breakfast? Why?" 然后把醋、糖、盐、辣酱摆在桌面上，提出问题："Do you want to have a try?" 学生跃跃欲试。在学生体验后，接着问："Which do you like best? Why?" 在教师的引导下，学生形成积极的学习态度，在实践中进行语言输出，达到运用英语说话的目的。

（二）游戏教学策略

著名教育家陈鹤琴说："小孩子生来就是好玩的，是以游戏为生命的。"设计游戏吸引学生关注，让学生在玩中学、在学中玩、在乐中学、在学中乐，便能迅速地吸引学生的注意力，促使学生思维由形象思维过渡到抽象思维，达到既增长知识又增添智慧的目的，而且促进学生身心健康发展，达到寓教于乐的效果。

根据趣味多样性原则、目的性和针对性原则、复现性原则，笔者在执教五年级下册 Module 4 "Travel" Unit 7 "We Will Go by Train" Let's talk 新授课时，采用了根据描述猜测相关交通工具和城市的教学策略，激发学生的思考，培养学生的英语思维品质。如：① It's a big bird. It flies in the sky.（a plane）② It is big and travels on water.（a ship）③ It has two wheels. You can ride on it.（a bike）④ It is famous for its West Lake.（Hangzhou）⑤ You can visit Disney Land, Ocean Park and do shopping there.（Hong Kong）教师通过新旧知识的连接，在旧知识的基础上建立新的知识点，为学生顺利地由旧知识点过渡到新知识点架桥引路。

（三）小诗和歌曲教学策略

歌曲给学生以美的享受，优美的节奏、动听的旋律能帮助学生体会英语语感，并能降低学习难度，很容易被学生接受。小诗句式简单，朗朗上口，好记易背，配上音乐，再用说唱形式表现出来，使人读起来倍感愉快、难以忘怀。

四年级上册 Module 5 "Clothes" Unit 9 "Look at This T-shirt" Let's talk 新授课。上课伊始，笔者首先与学生一起唱广州市小学英语口语教材第三册 Unit 3 "It's a Nice T-shirt" 歌曲 *My Clothes*，通过师生互动歌唱，既能拉近师生间的距离，营造和谐、愉悦的学习氛围，又能让学生复习单词 T-shirt、sweater、jacket、purple、blue、yellow，为新课的学习做铺垫。这就是根据趣味多样性原则、目的性和针对性原则、复现性原则来设计的。四年级下册 Module 6 "Celebrations" Unit 11 "I Was Born in January" Let's talk 新授课，根据趣味多样性原则、目的性和针对性原则，让学生跟着音乐朗读小诗："Birthday candles one two three, birthday candles just for me! Last year two, next year four, birthday candles I want more!" 配上音乐的小诗不仅让学生感知本课的学习内容与"生日"有关，同时增添了学习乐趣，也可成为学生语用的基础和蓝本。

（四）头脑风暴教学策略

头脑风暴是一种激发思维的方法，学生进入思想的新区域，能够更自由地思考，从而产生很多新观点和问题的解决方法。

五年级上册 Module 5 "Foods We Need" 复习课中，根据趣味多样性原则、目的性和针对性原则，笔者把 food、vegetables、drinks、dessert 这四个单词写在黑板上，让学生开展头脑风暴，说出与它们相关的词汇，在提高学生兴趣的同时，也为下一阶段的复习活动做好准备。

（五）故事教学策略

故事教学策略是在课堂穿插相关的简明、短小故事或者用故事内容代替讲课内容，吸引学生的注意、激发学生听课的兴趣、启发学生思考、直接从故事中悟出其蕴含的道理、掌握其中的知识技术等的一种深入浅出、化繁为简、寓教于乐、喜闻乐见的教学方法。

笔者在六年级下册 Module 3 "Famous People" Unit 5 "Dr Sun Yatsen" 巩固课中，首先提出问题："What's the story about? When and where was he born? What did he do? Why was he famous?" 接着让学生分享一位名人的故事，其他学生带着问题聆听故事，这样的设计便有很强的目的性和针对性。

（六）思维导图教学策略

利用思维导图进行课程的教学设计，会促使师生形成整体观念和在头脑中创造全景图，帮助师生掌握正确有效的学习方法策略，更快、更有效地进行课本知识的传授，促进教学效率和质量的提高。根据学习策略指导性原则、目的性和针对性原则、复现性原则，笔者在五年级上册 Module 6 "Weather" 的复习课中，通过图 1 的思维导图复习跟天气有关联的语言知识，建立系统完整的知识框架体系，为引导学生的书面表达做铺垫。

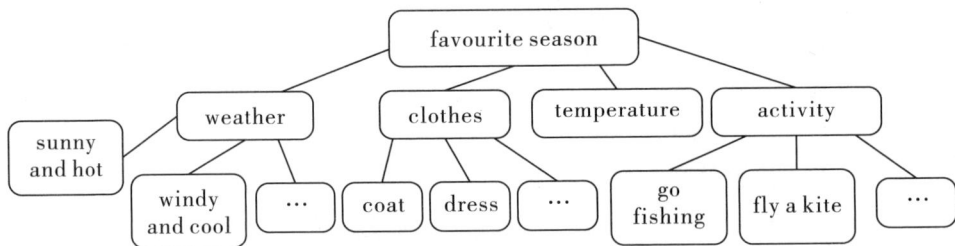

图1 五年级上册 Module 6 思维导图

三、结语

总之，在 RLPR 话题教学模式的小学英语课堂教学中，教师要根据教学内容和教学对象，结合小学生活泼好动、求知欲强、富于想象力等特征，根据引起关注的原则，科学、合理地编制有效的教学策略，从而调动学生的学习积极性。当然，教学策略的切入要因需而异，从而实现"引起关注"在 RLPR 话题教学模式的最优化。

参考文献

［1］高小兰. 小学英语练习的有效设计与组织运用［M］. 西安：世界图书出版西安有限公司，2016.

［2］高小兰. 基于英语学科核心素养下的小学英语 RLPR 话题教学［J］. 师道（教研），2018（4）.

［3］林瑞红. 例谈如何有效开展小学英语课堂热身活动［J］. 考试周刊，2014（37）.

（刘婵兴，广州市海珠区赤岗小学）

小学英语 RLPR 话题教学模式新授课
"学习新知（Learn）"的教学原则与策略

英语课型有很多，各有各的特点和功效。新授课主要指教学的主要内容和方法以新授为取向并加以组织与实施的课堂教学结构。在小学英语 RLPR 话题教学模式中，新授课的基本结构由引起关注（Raise concern）、学习新知（Learn）、准备发表（Prepare to report）和发表汇报（Report）组成。在小学英语 RLPR 话题教学模式中，学习新知是指教师通过多种教学手段与策略展示新的语言知识，学生在感知、理解的基础上学习新的语言知识的教学环节。

一、小学英语 RLPR 话题教学模式新授课"学习新知"存在的问题

在小学英语课堂中，我们会发现以下现象：看似热闹、精彩的一节课，学生在发表汇报环节的表现却不甚理想，学生的语言表达不够自信、流畅和完整。分析其原因，很大程度上是因为教师在学生"学习新知"的教学环节中做得不够扎实、到位。如果学生没有真正学会新的教学内容，怎么能流畅表达、熟练运用呢？因此笔者把关注点放在"学习新知"教学环节。通过多次课堂观察，笔者发现"学习新知"教学环节中存在一些问题，主要有目的不明确、针对性不强；新知呈现方式单一；设置的学习任务没有梯度，没有遵循循序渐进的原则；忽略了对学生学习策略的指导。

二、小学英语 RLPR 话题教学模式新授课"学习新知"的教学原则

针对以上存在的问题，笔者通过查找文献和实践探索归纳总结出新授课"学习新知"的教学原则。

（一）目的性和针对性原则

目的性原则是指学习新知时，要有明确的目的。针对性原则是指学习新知时，要针对教学对象、教学内容选择适宜的教学方式。

（二）趣味多样性原则

趣味多样性原则是指学习新知时，教师要根据学生的年龄、生理特点、心理特点以及不同年龄段学生的兴趣、爱好、愿望等学习需要，联系学生的日常生活，选择与时俱进的语言材料，采用丰富的表现形式，尽可能创设真实的语境，设计多元互动的语言活动，增强学生学习语言的兴趣。

（三）循序性和层次性原则

循序性原则是指要采用由浅至深、由易到难、由简单到复杂的呈现和操练方式，这样学生更容易完成学习任务，学习效果会更好。层次性原则是指开展的教学活动要有层次，逐层递进。

（四）学习策略指导性原则

英语学习策略可以理解为学习者为了学好语言而采取的行动。本文所说的学习策略指导性原则是指在学习新知的过程中，教师要加强对学习策略的指导，帮助学生在学习的同时形成适合自己的学习策略。

三、小学英语 RLPR 话题教学模式新授课"学习新知"的策略运用

（一）遵循目的性和针对性原则，选择合适的教学策略

目的性原则是指选择教学策略时，要目标明确，通过策略的实施达成目标。例如，选择的歌曲要与教学内容相关，通过歌曲引入学习。针对性原则可以表现为针对不同年级的学生，选择不同的教学策略。例如课堂中常用的 TPR（Total Physical Response）全身反应法，TPR 活动的实施可以根据不同年级的学生采用不同的方式。对于低年级学生，只要求听指令、做动作。而对于高年级学生，可以加大难度，如在卡片上写词组，让学生看并做动作。或者两人一组，一个学生看词并用英语描述，另一个学生猜词。这样全员参与，既增趣又增效，不失为一种好方法。

在"学习新知"教学环节中，无论教师采用何种教学策略，都要围绕内容，紧扣目标。每个环节、每项活动都要有明确的目的，服务教学目标。这样才有助于学生掌握语言知识，提高语言技能和综合语言运用能力。

（二）遵循趣味多样性原则，运用多种方式学习新知

从心理学的角度而言，兴趣是人们在认识事物中产生的情绪，这种情绪能激起学习者的求知欲望。遵循趣味多样性原则，通过游戏、故事、歌曲学习新知，可激发学生的好奇心、求知欲望和学习热情。

1. 通过游戏学习新知

游戏能激发学习兴趣，降低学习焦虑，增添学习乐趣。小学生非常喜欢玩游戏。新课程标准也有所倡议：玩中学，学中玩。因此在"学习新知"教学环节，教师要选择合适的、能调动学生多种感官参与的游戏，将其恰当地融入教学中，唤起学生的学习兴趣和求知欲。例如笔者在教人教版三年级上册 Unit 4 "We Love Animals" Let's learn 时，选用了形式多样的游戏：一是 Listen and guess（听音猜动物游戏），让学生听动物 cat、dog、pig、duck 的叫声，猜猜哪种动物正在逃跑，通过游戏的方式，检查学生对所学的动物单词的理解与掌握。二是 Paper scissors stone（石头剪刀布游戏），让学生在有趣的游戏中说单词，尽快建立单词的读音与意义之间的联系。在该教学环节中，学生学习兴趣盎然，学习热情高涨，他们玩游戏玩得很开心，但在玩游戏的同时，他们不知不觉地掌握了新的知识。

2. 通过故事学习新知

故事是学生喜爱的一种形式。在学习新知时，故事能吸引学生的注意力，引起学生的思考与共鸣。例如笔者在教人教版三年级上册 Unit 4 "We Love Animals" Let's learn 时，创编了故事《熊来了》（"A Bear Is Coming"）。故事情节是这样的：有一天，农场上的小动物们在开心地玩游戏，突然一声巨响，原来

是熊来了。小动物们都吓坏了，纷纷逃跑，但是谁先跑？谁跑得快呢？学生被这故事深深地吸引了，纷纷举手用英语发表自己的见解。故事吸引了学生的注意力，启发了学生思考，学习效果突显。

3．通过歌曲学习新知

歌曲能调节学生的学习情绪，提高学习兴趣。英语歌曲以它优美的旋律、动感的节奏吸引着学生，在课堂上选用合适的歌曲，能提高学生学习英语的兴趣，调动课堂气氛，吸引学生投入学习中。例如在笔者在教教科版三年级上册 Unit 9 "Is It a Cat?"时，采用了歌曲 *I Have a Toy Train*。歌词如下："I have a toy train. I have a toy train. A cat is on my train. A ball is on my train. A bear is on my train. "通过歌曲引出所学的新单词 cat、ball、bear，歌曲旋律优美，节奏明快，学生跟着哼唱歌曲的同时，很快就掌握了新单词的读音和意思。

（三）遵循循序性和层次性原则，设计逐层递进的学习任务

教学活动设计应有层次性，符合学生的生理和心理特点。例如教科版六年级上册 Unit 10 是一节阅读课，全文讲述的是 Ben 从英国来到中国后，因居住地点的改变而发生的生活变化。教这节课时，教师要设计逐层递进的学习任务。

任务 1：呈现 Ben 的图片，让学生根据图片猜他来到了哪里，他的生活将会发生哪些变化。

任务 2：让学生带着三个问题（T or F）通读课文，初步感知课文。

任务 3：让学生继续带着问题阅读课文，这时的问题是 W/H 问题，如："Where did Ben live before? How many shops were there in Ben's village?"在任务的驱动下，学生闯过了一关又一关，学习变得轻松有效。

（四）遵循学习策略指导性原则，帮助学生形成学习策略

小学阶段的学习既是通过学习掌握知识和技能、形成积极向上的情感态度、培养文化意识的过程，也是掌握学习的方法和策略的过程。例如在词汇学习环节，教师引导学生通过旧单词学习新单词，以旧引新，建立新旧知识之间的联系，有助于学生更顺利地学习新知。又如听力教学中，通过选择恰当的听力材料，设计"step by step"的听力任务，培养学生的听力微技能，有助于学生形成有效的听力策略。

综上所述，在"学习新知"教学环节中，教师要结合教学内容及学生的实际情况，紧扣教学目标，遵循目的性和针对性原则、趣味多样性原则、循序性和层次性原则、学习策略指导性原则进行教学策略的选择与使用，让学生更有效地学习新的语言知识，培养学生的综合语言运用能力。

参考文献

[1] 高小兰. 基于英语学科核心素养下的小学英语 RLPR 话题教学 [J]. 师道（教研），2018（4）.

[2] 蓝萍. 手段与方法多样化，英语课堂趣味化：小学英语课堂优化策略探究 [J]. 新课程导学，2013（30）.

（肖丽琼，广州市海珠区赤岗小学）

小学英语 RLPR 话题教学模式 "学习新知 （Learn）" 的情境教学策略

小学英语 RLPR 话题教学模式的四个环节分别是引起关注（Raise concern）、学习新知（Learn）、准备发表（Prepare to report）和发表汇报（Report）。其中，学习新知是一节课的重要组成部分，也是一节课的中心环节，因为它对一节课的教学效果起着决定性作用。因此，要提高小学英语教学效果，就必须提高学习新知这个环节的有效性；而情境教学是提高学习新知有效性的重要途径。

一、情境教学及其重要性

（一）情境教学

情境是一种生活场面。情境教学是从教学的需要出发，教师依据教材创设以形象为主体、富有感情色彩的具体场景或氛围，激发和吸引学生主动学习，达到最佳教学效果的一种教学方法。小学英语情境教学是指教师在英语教学中运用实物、图片、歌曲、多媒体等多种活动手段，为学生创设一个个形象逼真的场景，营造良好的教学气氛和生动的语言环境，从而把教学内容巧妙地融入其中，让学生置身于类似现实、自然的情境中用英语进行交际，感受英语的真实性，继而充分调动学生学习英语的积极性。

（二）情境教学的重要性

丹麦语言学家斯帕森说过，教好外语的首要条件是要尽可能让学生接触外语和使用外语。学外语就像学游泳一样，学生必须泡在水中，而不是偶尔沾沾水（get a sprinkling of water now and then），学生必须潜到（be ducked down in）水里去。这样，最后他才能像一个熟练的游泳者（able swimmer）那样乐在其中。美国心理学家布鲁姆也认为，成功的外语教学课堂应当创设更多的情境，让学生有机会运用学过的语言材料。

小学三至六年级的学生处在 9～12 岁阶段。这个年龄段的学生具有好奇、好活动、爱表现、善模仿等特点。他们对陌生的英语充满好奇心，很少有羞怯感，喜欢引起别人的注意，听觉敏锐，模仿力和记忆力强，形象思维好。

情境教学让学生的英语学习更加贴近生活，不但可以激发并保持学生参与英语学习活动的热情，调动学生的主观能动性，让学生全身心地融入情境中，更好地掌握所学的知识，促进其综合语言运用能力的不断提高，还可以使教师在英语教学的过程中更容易带动课堂的气氛，同时培养师生之间的感情。

二、学习新知的情境教学策略

创设符合教学内容的、贴近学生生活的、真实的教学情境是小学英语课堂实施有效教学的重要途径。在学习新知环节，教师应根据教学内容和学生的心理特征，巧妙地创设教学情境，激发并保持学生的英语学习兴趣，使学生喜欢英语，更好地掌握英语，会用英语做事情，使学生的综合语言运用能力得到最大提高，最终提高课堂教学的有效性。

（一）用实物创设教学情境

根据小学生的认知规律，小学生的思维主要以形象思维为主。心理学家研究表明，向学习者展示实物，其识别时间只需 0.4 秒。由此可见，教学所展示的形象越鲜明、具体，就越能缩短感知的时间，激发学生认识的兴趣，提高教学效率。用实物创设的教学情境，具有直观、具体、形象且易于理解等特点，能有效地激发学生的想象力。同时，利用实物能使课堂教学更具形象性和趣味性。

例1　在教教科版三年级上册 Unit 11 "Do You Have a Pencil?" 时，教师可以把一些学习用具如 pen、pencil、book、ruler、bag、eraser 等实物摆放在桌面上，然后对学生说："Today, let's talk about school things." 教师在这个情境中教授词汇。在学习 "May I use your…?" 时，教师对学生说："I want to draw a picture. Oh, my pencil is broken." 于是，教师对 Tom 说："Do you have a pencil?" Tom 回答："Yes." 教师继续提问："May I use it?" 教师利用实物巧妙地创设了教学情境，使学生直观又轻松地掌握了语言点。

例2　在教教科版四年级下册 Unit 9 "It Looks Fun" 时，教师可以把篮球、足球、跳绳、羽毛球等运动器材带入教室，自然创设运动的教学情境。兴趣是最好的老师，在这样形象、直观的情境中学习，学生学习兴趣浓厚，学习效果倍增。

例3　在教教科版五年级上册 Module 4 "Foods and Drinks" 时，教师讲解与食物、饮料有关的单词，可以把实物展示给学生看，并让学生通过看、摸、闻等方式对实物进行了解，同时记住单词；情境教学可以使学生更好地吸收和掌握英语知识。

（二）用照片或图片创设教学情境

形象逼真、色彩鲜艳、内容丰富的照片或图片对小学生来说，具有很强的吸引力。在教学中，用它们来创设教学情境，既可以使教学情境更形象、具体，引起和保持学生的学习兴趣，还可以满足他们的求知欲。

例4　在教教科版四年级上册 Unit 10 "Can I Help You?" 时，教师可以出示一组 Teemall 的图片来创设教学情境："We will go shopping in Teemall today." 并在这个情境中学习服装类词汇及购物用语。

例5　在教教科版五年级下册 Unit 2 "It's the Middle of Winter" 时，教师可以在黑板上展示中国和澳大利亚的国旗图片以及世界地图来创设教学情境："Look at the map, let's find out China and Australia on the map. Then we will talk about the seasons in China and Australia."

（三）将图片与语言描述相结合，创设教学情境

利用栩栩如生的图片和教师绘声绘色的语言描述来创设教学情境，使学生在视觉、听觉等多种感官的共同作用下，对知识进行多方位感知，学习效果更好。

例6　在教教科版三年级上册 Unit 9 "Is It a Cat?" 时，把动物玩具图片折起来，只露出一小块，教师一边指着图片一边说："Let's guess the toys. Is it a dog?" 当学生猜对，就进入下一幅图。通过这个情境，自然地呈现和学习句型 "Is it a...?"。小学生喜欢表现自我，在猜的过程中，学生会学得非常专心，可以达到事半功倍的效果。

（四）用音乐、歌曲创设教学情境

音乐和歌曲受到很多人的喜爱，小学生也不例外。悦耳的音乐和歌曲令人身心愉悦。教师结合教学内容，选用恰当的音乐或歌曲来创设教学情境，让学生在身心愉悦的状态下学习英语，可以激发学生学习英语的兴趣，也可以提高学习效果。

例 7 在教教科版六年级上册 Unit 12 "Christmas" 时，教师可以播放 *Jingle Bells* 这首歌来创设圣诞节的教学情境，由歌曲自然地引出圣诞节内容的学习，让学生似乎身临其境，觉得学习这一课的过程就是过圣诞节的过程。这是学生喜闻乐见的教学情境。

（五）用多媒体创设教学情境

多媒体可以打破时间和空间的限制，形、色、声、情并茂，让学生不仅能听到声音，还能看到生动的图像。多媒体可以作用于学生的多种感官，让他们全神贯注地投入英语学习中。它为英语教学创设逼真、形象的情境，以此来调动学生学习的积极性，提高教学效果，达到预期的教学目标。

例 8 在教教科版三年级上册 Unit 10 "I Have a Ship" 时，教师将提前准备好的各种交通工具的声音插入上课用的课件中，在上课时先播放交通工具的声音给学生听，再让他们猜一猜交通工具的名称："Is it a...?" 通过多维度的信息输入和学习，学生将知识掌握得更灵活、更牢固。

例 9 在教教科版三年级上册 Unit 12 "Put It on the Desk" 时，教师将提前准备好的各种动物玩具的声音插入上课用的课件中，在上课时先播放动物玩具的声音给学生听，再让他们猜一猜动物玩具的名称："Is it a...?"

总而言之，小学英语教学的目的就在于使学生爱学、乐学、善学。在学习新知环节中，教师应根据教学内容和学生特定的年龄、心理特征，巧妙地创设学生喜闻乐见的、富有成效的教学情境，培养、维持和发展学生学习英语的兴趣，使学生的综合语言运用能力得到提高，最终增强课堂的教学效果。

参考文献

［1］高小兰. 小学英语 RLPR 话题教学模式［J］. 教育导刊，2018（4）.
［2］邹志英，龚少英. 情境教学在小学英语教学中的应用［J］. 现代教育科学，2006（4）.
［3］高小兰. 小学英语练习活动的组织与运用原则［M］. 西安：世界图书出版西安有限公司，2016.
［4］高小兰. 基于英语学科核心素养下的小学英语 RLPR 话题教学［J］. 师道（教研），2018（4）.

（黄丽君，广州市海珠区赤岗小学）

小学英语 RLPR 话题教学模式"练习实践（Practice）"的教学原则与策略

一、引言

（一）课题简介

"小学英语 RLPR 话题教学模式研究"是广东省教育科学"十二五"规划课题。RLPR 即引起关注（Raise concern）—学习新知（Learn）/链接（Link）—练习实践（Practice）/准备发表（Prepare to report）—发表汇报（Report）。

RLPR 话题教学模式坚持以话题为中心；坚持以文本为基础；坚持以学情为前提；坚持以真实的情境为主线；坚持以活动为途径；坚持以评价为方式；坚持以教学资源为辅助；坚持以提高综合语言运用能力为目标；坚持以培养学生的思维能力为导向；坚持以情感为升华。RLPR 话题教学模式强调学生在英语课堂里的语言输出，其中，练习实践这个环节为学生提供了语言输出的平台，本文旨在浅谈这一环节中的教学原则与策略。

（二）练习实践的教学价值

练习实践是英语课堂中必不可少的教学环节，因为任何一项语言技能都必须经过大量的操练才能掌握。同时，它也是学生学习英语知识和练习英语技能的主要途径。但如何处理并运用好这一环节常常成为令教师头痛的问题。小学英语课堂教学中有效的操练既可以增添英语课堂的趣味性，又可以扎实地落实学生的学习任务，真正让学生做到玩中学、学中玩。

二、练习实践的设计原则

练习实践是一个语言输出的教学环节，在设计其活动时，应注意遵循以下几个原则。

（一）活动设计体现目的性和针对性原则

在练习实践环节中，练习包括听、说、读、写，练习实践的目的是让学生牢记并能活用所学的知识，具有针对性。例如，四年级下册 Module 1 "People"复习课主要描述人的外貌以及职业，所以在练习实践环节可以有针对性地复习一些关于服装（如 uniform、jeans、coat 等）、颜色（如 blue、black、yellow 等）和职业（如 doctor、nurse、driver 等）的单词，以及与服装相关的介词短语（如 in a black uniform、in blue jeans 等）。

（二）尊重个体差异，活动设计体现层次性原则

练习实践活动面向的是全体学生，他们在认知结构、学习动机、智力水平等方面存在差异，因此练习实践活动设计要遵循因材施教原则，注意层次性，让不同程度的学生在各自能完成的活动中得到相应的练习，英语水平都能在原有的基础上有所提高。

（三）活动设计突显高密度、大容量与复现性原则

练习实践环节可以通过机械操练、情境设置、活动或游戏来完成，但是要注意练习的质和量。练习实践不但形式要多样化，而且面要广、量要适当。教师应在 40 分钟的课堂内设计高密度、大容量的练习活动，让学生不断地进行听、说、读、写等运用英语的活动。课堂教学要求教师在有限的时间内给学生提供更多的信息。教学多信息、高密度、快节奏，三者是紧密相关的，它们作为一个整体，缺一不可。

三、练习实践的教学策略

在练习实践阶段，我们围绕英语学科核心素养的诸多方面，遵循课堂练习设计的目的性和针对性原则、趣味多样性原则、情境性原则、循序性和层次性原则、学习策略指导性原则、运用性原则、复现性原则等，可采取游戏、竞赛、谜语、小诗、歌曲、对话、小组操练等教学策略，设置趣味性强的练习活动。笔者将以教科版教材为例进行具体分析。

（一）遵循趣味多样性原则改编歌曲

低年级学生集中注意力的时间较短，操练形式的多样化对维持他们的注意力显得十分重要。因此，教师在设计课堂教学活动时，要充分考虑其趣味性和操练形式的多样性，这样才能扣住学生的心弦，调动学生学习的积极性。在操练 26 个字母对应的单词"A for apple，B for book，C for cat…"时，为了避免单调枯燥的机械操练方式，可以用新课程标准中所倡导的"唱一唱"方式，巧妙地将学生熟悉的歌曲《小星星》的旋律套入字母对应的单词中，改编成《字母发音歌》。用这首歌来帮助学生巩固刚刚学过的字母对应发音词最合适。熟悉的旋律让学生唱起来朗朗上口，也让学生在最短的时间内掌握了教学内容，从而使练习实践活动变得更为有效。

（二）遵循循序性和层次性原则设计竞赛

以教科版四年级下册 Unit 1 "He Looks Like a Cook" 为例，在描述人物特征的练习实践环节，可以滚雪球的方式描述人物特征，设计竞赛，如："The short lady is a doctor. /The short lady with long hair is a doctor. /The short lady in a white coat, with long hair is a doctor. /…"最终累计说出最多句子的小组获胜。该活动由易到难、由浅入深、层层深入，让不同程度的学生都得到了操练和发展，体现了循序性和层次性原则。

（三）遵循情境性原则围绕对话进行操练

英语教学中有"词不离句，句不离景"的教学理念。教师不应孤立地操练对话中的词汇和句型，而应围绕对话来操练主要词汇和句型，为对话教学做好语言铺垫。在三、四年级的对话教学中，我们也应像高年级关注语篇的整体性教学一样，关注每篇对话教学的整体理解和完整情节。通过话题这一主线，教师将对话中的知识点一一串联起来，使学生整体感悟对话内容，并通过多种形式的操练巩固，提高综合语言运用能力。例如教科版三年级上册 Unit 12 "Put It on the Desk"，教师创设了去参观同学的书房这一情境，通过播放在书房里的对话，让学生整体感知话题内容，然后将单词 ruler、pencil、book 等放在对话中进行操练，并通过游戏 "What's in my schoolbag?" 对词汇和句型展开巩固练习。这样既操练了词句，也操练了对话。

（四）遵循目的性和针对性原则设计游戏

在练习实践环节，游戏的开展应有一定的目的性。游戏是为教学服务的，必须与教学密切相关。教师设计游戏时，要充分考虑教学重难点和其他教学要求。例如在学习表示颜色的英语单词时，可以设计幸运大转盘游戏：制作一个转盘，上面有十种颜色，教师问："What colour is it? Can you guess?"学生纷纷举手回答，有的猜红色，有的猜绿色，有的猜黑色，有的猜蓝色；最后教师转动转盘，猜对的学生可以加分或者得到小贴纸。这种游戏的目的性很强，学生的参与程度也很高，效果非常好。

四、结语

RLPR 话题教学模式中，练习实践环节应突显高密度、大容量与复现性原则，注重操练的循序性和层次性，注重培养学生连贯说话的能力，全面提高学生的综合语言运用能力。

参考文献

［1］高小兰. 小学英语 RLPR 话题教学模式［J］. 教育导刊，2018（4）.

［2］高小兰. 小学英语练习活动的组织与运用原则［M］. 西安：世界图书出版西安有限公司，2016.

［3］高小兰. 基于英语学科核心素养下的小学英语 RLPR 话题教学［J］. 师道（教研），2018（4）.

（廖惠蕾，广州市海珠区赤岗小学）

小学英语 RLPR 话题教学模式 "发表汇报（Report）" 的教学原则与策略

一、引言

（一）课题简介

"小学英语 RLPR 话题教学模式研究" 是广东省教育科学 "十二五" 规划课题。RLPR 即引起关注（Raise concern）—学习新知（Learn）/链接（Link）—练习实践（Practice）/准备发表（Prepare to report）—发表汇报（Report）。RLPR 话题教学模式强调学生在英语课堂里的语言输出，发表汇报环节为学生提供了语言输出平台和展示的机会，本文旨在浅谈这一环节中的教学原则与策略。

（二）发表汇报的教学价值

发表汇报是一个语言输出的过程，是学生通过口头或者书面的活动进一步对所学的知识进行迁移和内化的过程。这一阶段的活动为学生搭建展示英语的平台，培养用英语表达的思维和习惯，提高学生的综合语言运用能力。奥苏伯尔对人的动机分类中有认知内驱力，是指要求了解、理解和掌握知识以及解决问题的需要。在英语课堂中，学生的认知内驱力可以表现为其对语言使用的欲望。在发表汇报阶段，学生若能够创造性地使用语言，认知内驱力便可以得到满足，英语学习的信心和兴趣也会得到加强，学生使用英语说话的欲望更强烈，由此产生良性循环。

同时，发表汇报还是一个信息反馈的过程，为教师提供对教学效果的检查评估。教师在这个阶段不仅可以了解到学生对所学知识的掌握、运用程度，更具体的是能细化了解到什么知识掌握得较好、哪些表达还需要加强，为以后教学的调整和安排提供实际情况依据。

二、发表汇报的设计原则

发表汇报作为一个语言输出的教学环节，有其突出的地位和作用。教师在设计活动时，应注意遵循以下几个原则：

（一）加强目标定位，突显针对性原则

教师对发表汇报要有正确的定位、明确的目标，这一环节的活动多为巩固性活动和拓展性活动，主要巩固新知识，活用新知识。例如在教科版四年级下册

Unit 9 "It Looks Fun" Let's talk 第一课时的发表汇报阶段，笔者设计词条替换的改编对话巩固性活动，学生在改编对话中巩固有关衣物和简单购物的句子，达到了活动的实际目的——巩固新知识，活用新知识。

在加强目标的同时，还要抓重点，使活动更有针对性。教师要考虑到活动的多样性，从而设计多个活动，以免一来活动时间少，二来活动如走过场，没有真正发挥作用，最后事倍功半。

（二）尊重学生差异，体现层次性原则

尊重个体差异是英语新课程标准提倡的基本理念之一。活动面向的是全体学生，他们在认知结构、学习动机、智力水平等方面存在差异，因此发表汇报活动设计要根据因材施教原则，有层次性，让不同程度的学生在各自能完成的活动中得到相应的练习，都能在原有的基础上有所提高。例如在教科版五年级下册 Unit 2 "It's the Middle of Winter" Let's read 第一课时的发表汇报阶段，笔者设计了复述活动。该活动要求学生参考黑板上的时间导图进行第一人称的复述，也可进行第三人称的转述。大部分学生借助时间导图的提示可以进行第一人称的复述，小部分学生敢于挑战，进行第三人称的转述，达到了让不同程度的学生都有适应程度的活动效果，促进不同程度的学生的发展。

（三）活动获取反馈，发挥评价性原则

发表汇报阶段的活动评价是一个不可缺少的环节。教师的评价可以让学生对知识的理解更加透彻，帮助学生查漏补缺，让学生更加关注自己与目标之间的差距，改进或调整自己的学习行为。因此，教师在设计活动时，要设定一定的活动要求作为评价标准。例如在教科版五年级上册 Unit 10 "Different Tastes" Let's read 第一课时中，笔者设计了小组介绍上海等地方人们的口味的拓展性活动，提出了活动的具体要求：介绍内容要涉及地方口味、具体食物，若能与广州进行对比则更好。而教师的评价要有真实性，因此在活动过程中，教师还要从多个渠道获取反馈依据，如同伴活动或小组活动中学生对活动的贡献、发表汇报阶段学生的语言或活动组织等。

三、发表汇报的教学策略

在这一阶段，我们围绕英语学科核心素养的诸多方面，遵循课堂练习设计的目的性和针对性原则、层次性原则、反馈性和评价性原则等，可采取个人讲述或小组汇报（reporting）、复述（retelling）、角色表演（role-play）、书面展示（writing）、展示（show）、海报张贴（poster）等教学策略。这里笔者将以教科版教材为例进行具体分析。教科版教材贴近生活，每个单元都是按照英语课程标准中的话题来设计的，有 Let's talk 的对话语篇和 Let's read 的阅读语篇。

（一）角色表演

表演对话和替换改编对话是 Let's talk 对话语篇的基础汇报活动。这样的活动

具有明显的目的性和针对性，旨在让学生巩固所学的对话和重点句型。例如在四年级上册 Unit 8 "I Like English Best" 的教学中，笔者设计了学生以 4 人为小组进行角色扮演、表演对话的环节，并提醒学生注意汇报者和被采访人语气的不同。笔者对学生的语音、语调和表演进行评价，为学生提供真实的反馈，体现了活动的评价性。

（二）复述

Let's read 属于语篇的学习，通过思维导图和表格复述短文内容是一种有利于检测学生对短文的理解程度的汇报活动，具有明确的目的性。思维导图和表格提取信息为学生提供支架，有利于学生用英语流利表达，体现了活动的层次性。在五年级上册 Unit 6 "At the Weekend" 的教学中，笔者根据语篇时间顺序设计表格，学生提取相对应的周末活动，最后以表格作为框架，复述文段。

（三）调查

在四年级上册 Unit 11 "I Want to Be a Painter" 中，笔者设计了学生在小组内调查并做总结的活动，不仅培养了学生的综合语言运用能力，还培养了学生的分析总结数据能力。

（四）场景模拟

在五年级上册 Unit 9 "It Smells Delicious" 第三课时中，笔者整合本课学习的食物词汇和 Module 4 中的饮料词汇，设计了一场食物市场的模拟活动。这样的活动目的性强，主要培养学生在真实生活场景中运用语言的能力，同时通过小组评价和教师评价，每一位学生的表现都得到了真实的反馈。

（五）作品

在五年级下册 Unit 1 "What's Your Favourite Season?" 中，笔者设计了用思维导图形式展示 "My favourite season" 来描述季节的天气温度、穿着、活动等方面，让学生在小组内分享。这个活动在巩固目标语言的基础上，穿插了已学的穿着和活动话题，具有一定的目的性；学生既可以参考教师给出的思维导图，也可以自己画出思维导图，活动设计关注学生个体差异，体现了层次性。

图 1　思维导图

（六）写作

有关主题的口头汇报和写作汇报是 Let's read 常见的汇报活动。Let's read 语篇已经成为学生口头汇报和写作汇报的范文，为学生提供了框架。同时，教师提供相应的词汇和句型供选择，满足不同程度学生的表达需求，体现了活动的层次性。教师和学生一起修改书面的写作汇报，给予了及时和真实有效的反馈，突显了活动的评价性。例如在五年级上册 Unit 10 "Different Tastes" Let's read 中，除了教材中介绍的有关北京人、广州人、成都人的口味介绍，笔者还提供了上海、重庆、西藏地区的饮食口味介绍，设计了在小组内选择 3 个不同地方进行介绍并完成写作的活动。

Let's read 的汇报活动设计还包括对文段的续写和改写，这些活动都在目标语言的基础上，重现已学的其他表达，关注不同程度的学生，提供不同的知识框架，培养学生的综合语言运用能力。

四、结语

RLPR 话题教学模式中发表汇报这一环节要遵循突显活动的针对性、体现活动的层次性、发挥活动的评价性的原则，培养学生用英语进行表达的思维和习惯，提高学生的综合语言运用能力，并发挥其为教师提供教学检查评估的作用。

参考文献

［1］高小兰. 小学英语 RLPR 话题教学模式［J］. 教育导刊，2018（4）.

［2］高小兰. 小学英语练习活动的组织与运用原则［M］. 西安：世界图书出版西安有限公司，2016.

（陈铭鸿，广州市海珠区赤岗小学）

小学英语 RLPR 话题教学模式 "发表汇报（Report）" 的语言输出策略

小学英语 RLPR 话题教学模式的四个环节为引起关注（Raise concern）—学习新知（Learn）—准备发表（Prepare to report）—发表汇报（Report）。发表汇报的形式多样，如评论、复述、对话等，在汇报时引导学生围绕主题内容，针对某个特点进行描述，介绍、阐明自己的认识或见解，即话题。因此在 RLPR 话题教学模式下，遵循以话题为中心的原则，组织有主题的话题发表汇报，能使学生在发表汇报环节顺利进行语言输出。在组织话题教学时，笔者主要有以下几个方面的思考。

一、以话题为中心发表汇报

中心明确能使课堂教学的开展有较强的指向性，因此有中心、有主题的话题能让课堂教学质量更高。基于小学教材（以教科版为例）的特点，每个模块的主题都很鲜明，内容涵盖了生活中的很多方面，学生往往乐于交流自己熟悉的生活经验并发表各种意见，因此教材中各模块的内容都可以成为学生交流的话题，小学课堂开展话题教学是很好的选择。六年级下册 Module 1 "Stories"，从模块内容看主题是故事，但故事也分为很多类型，如寓言故事、英雄故事、名人故事等，教师必须研读整个模块的内容，整理出编者在本模块中想给学生输入什么主题的信息，只有明确了主题内容，才能确定课堂上话题输出的主题是什么，并围绕中心话题组织课堂教学。笔者研读了模块内容后知道该模块是以寓言故事为核心，目的在于让学生学习后能从中领悟到生活的道理。明确了教学的中心话题后，课堂各环节的教学组织就能围绕有关寓言故事的话题搜索资料进行设计，教学目的更加鲜明。例如话题 "Stories"，除了课文中出现的两个主要故事，笔者以寓言故事为中心，发掘更多的故事作为汇报资源，如 "The Lion and the Mouse" "Three Little Pigs"，让话题更有趣，并通过故事对学生进行更多的情感教育。

二、根据话题，设计发表汇报的输出形式

有了话题，课堂教学就能有目的地开展，而基于 RLPR 话题教学模式课堂的指引，发表汇报环节是对课堂教学质量的检测，即通过汇报检测学生对话题的输出能力，因此发表汇报环节的形式最终指引着课堂上各教学环节的开展。在小学英语教学中，我们所讲的"围绕话题进行表达"，主要是指"针对某个特定的中心，连续用几句简单的、意思连贯的话语，口头或书面进行描述，介绍或阐明自己的见解"。话题有不同的主题，设计汇报也可以设计不同的形式，如报道、合作调查、对话表演等，教学中各环节的开展应紧扣汇报形式的不同而设计，汇报形式的设计是话题能顺利开展的关键。

教科版教材五年级上册 Module 2 "Abilities" 的主题是能力方面的表达，文中涉及的新单词和新句型比较少。对于五年级学生来说，新知识比较少，语言的运用比较简单，如果话题的设定是以对话形式发表汇报，则表现形式比较单一，

训练的维度不够广。进行教材的纵向分析后，了解到本模块的知识点虽然少，但如果能引导学生将以往的语言经验融合到话题中，将能大量地训练到相应的动词短语与拓展更多关于能力的表达，因此教师将话题输出的形式定位为报道形式，并根据趣味多样性原则思考将课堂教学主题设定为校运会的报名情境，学生根据自己的强项竞争，用英语表述自己的能力，组长根据组员的信息进行归纳报道，这种话题形式能充分发挥学生的参与积极性，调动学生已有的语言知识，紧扣话题中心进行交流，达到语言训练的效果。由于以报道的形式进行交流，要求学生有较强的语言组织能力，有较多的语言素材支撑汇报，在本课的准备阶段，教师努力寻找接近学生实际能力的活动进行操练，归纳了四年级关于运动话题的语言知识，结合本课能力方面与校运会话题进行重组和整合，充分调动有用的语言知识作为发表汇报阶段的输出素材，引导学生运用所学的句型在话题中连贯表述，从而在学习过程中运用语言知识。

三、根据学生个性特点，预设发表汇报前期准备

发表汇报是对课堂效果的一种检测手段，既能促进学生综合语言运用能力的提高，也能提升学生的语言技能。新课程标准提出义务教育阶段英语课程的总目标是"通过英语学习使学生形成初步的综合语言运用能力，促进心智发展，提高综合人文素养"。其语言技能要求就是能综合运用英语知识进行听、说、读、写。但是学生知识的习得是循序渐进的过程：输入—学习—内化—输出。课堂要求学生达到发表汇报的能力，前期的铺垫一定要有效，训练的针对性要强。输入—学习阶段是教师给学生传授知识和技能的过程，如何将教师所掌握的知识传授给学生是关键，学生只有掌握了语言信息与语言技能，才有资源支撑他们进行话题的输出。若想让话题的输出顺利进行，教师要善于对课堂教学进行效果预设的思考。没有效果预设的教学就像一篇没有中心的文章，缺乏目的性，也缺少接近目标的科学步骤和有效环节。但教师的预设与生成效果可能出现偏差或负效果，因此，教师的铺垫准备要多面，既要考虑课堂预设效果，也要关注动态课堂的变化与学生的个性差异。

课堂教学要求学生围绕话题表达，就是要求学生将所学的内容进行筛选、重组和整合，以提高学生的综合语言运用能力。现实教学中，很多教师被动地根据教材的主题而教，一个模块的教学内容和训练重点都围绕着模块信息。语言的综合运用不是单一的，很多教师没有调动已学知识的滚动重现。为了使学生能综合运用语言，教师要善于不断地滚动重现已学知识，这样才能帮助学生调动已学知识并使其成为语言输出、话题交流的支撑资源。教学中，笔者发现学生在围绕话题进行表达时所出现的问题和困难如下：词汇量不够；句子结构运用不熟悉；表达顺序混乱；没有中心。究其原因可能是学生现有的知识水平的影响，也有可能

是学生不能很好地依据以往的生活经验寻找到其与书本的交叉点和交集区，再加上课堂的指引和展示不够清晰，学生难以提高在真实情境中围绕话题进行表达的能力。因此，要使话题顺利开展，教师就要在分析、了解学生的情况后花心思设计有效的教学方法帮助学生进行表达。

四、采取小组合作方式，围绕话题发表汇报

从形式来看，汇报是多样的，有报道、合作调查、对话表演等；从语言技能来看，汇报是语言的输出，即学生围绕着话题，根据教师设定的汇报形式说话。说话离不开交流，也就是两人或两人以上的合作成果，尽管是个人汇报，也要通过交流沟通、搜集资料才有语言资源进行汇报，交流沟通同样离不开合作，因此发表汇报环节适合采用小组合作的方式为汇报做准备并发表。合作活动是一种优化的学习途径，在合作中进行交际、游戏、竞赛是英语课堂教学中经常采用的有效活动形式。学生通过合作的方式获取和训练汇报的内容，对课堂上学习的话题信息再次滚动训练并加以提炼，从而有更多的机会再次训练课堂知识，为顺利进行汇报做好准备。以教科版教材五年级上册 Module 2 "Abilities" 为例，汇报是以报道形式开展的，教师把全班学生分成 8 个小组，让组员根据自己的能力各抒己见，最后组长收集组员的信息并复述组员的汇报。教师考虑到让学生以传统的形式单独进行能力的展示，描述形式单一，学生的参与度不高，课堂气氛也较沉闷，便在汇报时改成以小组合作的方式进行，不仅让每个学生都有说话的机会，最后组长的汇报也能再次滚动训练课堂知识。综上所述，在小学英语 RLPR 话题教学模式下，以话题为中心开展教学能使语言的输出训练更高效、学生的参与度更高。

参考文献

［1］高小兰. 小学英语 RLPR 话题教学模式［J］. 教育导刊，2018（4）.

［2］朱浦. 小学英语教学关键问题指导［M］. 北京：高等教育出版社，2016.

［3］中华人民共和国教育部. 义务教育英语课程标准：2011 年版［S］. 北京：北京师范大学出版社，2012.

（郭锦萍，广州市海珠区江南新村第一小学）

小学英语 RLPR 话题教学模式在小学高年级 英语阅读教学中的运用

　　小学英语 RLPR 话题教学模式包含引起关注（Raise concern）—学习新知（Learn）/链接（Link）—练习实践（Practice）/准备发表（Prepare to report）—发表汇报（Report），每个程序取其英文的第一个字母，简称 RLPR 话题教学模式。阅读是语言学习的重要技能，也是获取信息的主要手段。小学英语阅读教学可以通过挖掘学生的阅读潜能，提高学生的英语阅读技能，它是培养学生综合能力的途径之一。现行小学英语教科版教材（下同）从五年级开始，每个模块的双课都是 Let's read 栏目，足以体现新课程标准下阅读教学在小学英语学习中的重要性。如何实施有效的阅读教学，值得每一位英语教师思考与研究。依据阅读教学有效性的原则，"在适当的时间，以适当的方式，针对具体的学生情况采用适当的教学模式，把握适当的教学难度，争取最好的教学质量"（Torgesen，1998），笔者认为，小学英语 RLPR 话题教学模式能较有效地实施于小学高年级英语阅读教学中。

　　根据小学英语 RLPR 话题教学模式的程序，我们在小学高年级英语阅读教学中主要开展以下活动：引起关注——阅读前活动，学习新知和练习实践——阅读中活动，发表汇报——阅读后活动，见图 1。

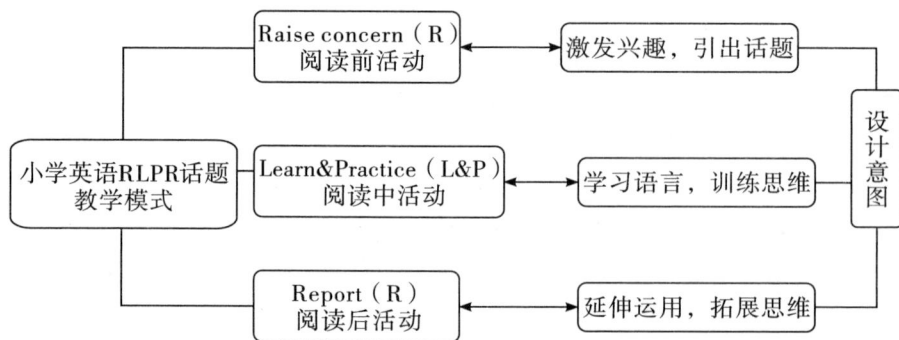

图 1　小学英语 RLPR 话题教学模式在小学高年级英语阅读教学中的运用导图

一、引起关注——阅读前活动

在引起关注阶段，教师可以安排阅读前活动，因为阅读前活动是阅读教学的导入阶段，也可以称为准备阶段或预热阶段。教师通过各种活动引起学生的关注，激发学生的学习兴趣与阅读动机，激活和提供相关的背景知识并引出话题，为学生阅读篇章、了解大意做准备。

（1）热身活动，激发兴趣。根据阅读内容，教师设计游戏、小诗、歌曲、头脑风暴等活动活跃课堂气氛，还可以为学生提供相关的知识背景，激发学生的学习兴趣，为新课铺路。

例如，教六年级下册 Module 3 "Famous People" Unit 6 "Steve Jobs" 时，可以通过图片或视频简单介绍苹果手机及其创始人，这能马上引起学生的关注，把注意力放在接下来的阅读教学中。

（2）以旧知引新知，唤醒学生的记忆，降低难度，消除语言学习的障碍。以旧引新是教师常用的教学方法，能够帮助学生更顺利、更自然地接受新知识。

例如，六年级上册 Module 6 "Festivals" Unit 12 "Christmas" 课文阅读的目的是通过进一步学习西方文化，巩固记忆中西方节日的名称和特点，教师可以让学生列举已知的中国节日名称，然后用课件展示相应的庆祝情境，用表格形式帮助学生回忆节日的特点，学生的关注点自然就会落在表格上，在接下来的课文阅读中能够通过同样的方式找出圣诞节的特点。

二、学习新知和练习实践——阅读中活动

在学习新知和练习实践阶段，教师可以安排阅读中活动，因为阅读中活动是学生知识的形成阶段，也是课堂教学的主要环节，学生在这个阶段学习新的语言知识，教师所设计的教学活动应主要以训练学生的阅读技能为目标，学生通过对词句进行解码，进而理解全文。一方面，教师通过各种练习方式操练新词、词块及句型，使学生掌握新知；另一方面，学生借助教师的 5w1h（who、when、what、why、where、how）问题，形成用思维导图引领全文的阅读理解习惯，训练思维能力。阅读中活动的步骤如下：

（1）略读课文：学生带着 5w1h 问题，整体感知教材内容，了解文章大意。文章中二级语言技能目标要求的生词不多，并且教材配备了相应的情境图片，一般情况下不会影响学生初读时对文章的理解，但也会出现一些新单词或新句型，直接影响学生的理解，需要教师指导学生利用图片、简笔画或设置相应的情境进行学习。

例如五年级上册 Module 1 "Hobbies"，为了让学生更好地理解 "hobby" 一

词，教师可以先介绍自己的爱好："I like playing badminton. I play it every day. So playing badminton is my hobby." 再询问学生："Which activities do you like best? Do you often do it? 接着转述该学生的回答："…is his/her hobby." 学生都能理解 hobby 的意思后，教师设疑："Who are in the picture? What are they talking about? What are their hobbies?" 让学生带着问题快速略读课文，既能激发学生的思维能力，又能培养学生主动学习的能力。

教师还可以通过思维导图呈现概括性强的问题，让学生自主阅读，在寻找答案时锻炼思维能力。

例如五年级下册 Module 1 "Seasons"，学生带着教师的问题 "How many seasons are there in a year? When is the season?" 略读课文，找出答案，教师呈现思维导图（见图 2），旁边附上相应的图片。学生根据 Phonics 规则学习、记忆单词。

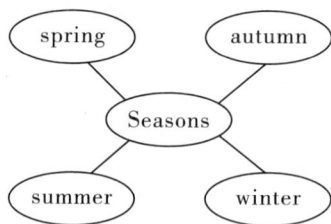

图 2   五年级下册 Module 1 思维导图

（2）精读课文：进一步理解文章细节，学习新单词、新短语和新句型。精读课文有以下方式与技巧：通过上下文猜词义；连线匹配；阅读文章后给图排序；通过情境模拟、情境再现巩固词汇和句型，运用思维导图学习语言知识等。

例如前面提到的五年级下册 Module 1 "Seasons"，学生精读课文时可以带着问题默读、同桌互读或小组读，找到相应的答句。教师根据学生的回答继续完善思维导图，使本课的知识点一目了然，既训练了学生的思维，也为学生复述课文做了充实的铺垫。

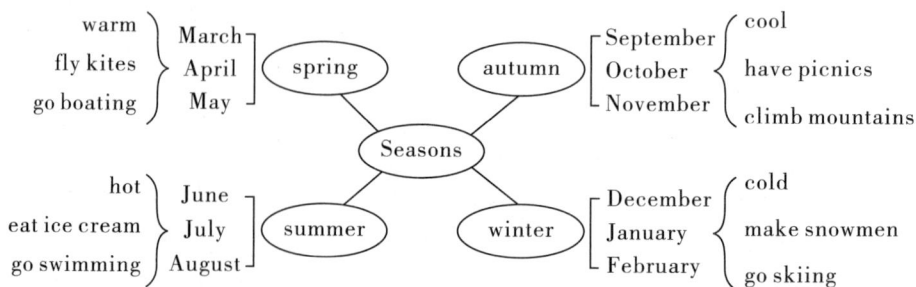

图 3   "Seasons" 思维导图的完善散发

（3）练习实践：对主要句型进行扩展操练，提供情境，运用重点词句，达到学习重点词句的目的；通过模仿跟读，培养学生以正确的语调流利地朗读课文的能力，并根据思维导图的板书或提示词、短语、句子复述课文。阅读教材中会出现一些长句，需要学生掌握按意群停顿的方法，教师可以示范朗读，使学生领会什么是意群，从刚开始根据符号停顿发展为自己能准确地在停顿的地方画符号。

例如，五年级下册 Unit 6 "See You at the Party" 邀请函里有一句话："We hope that/all her friends and classmates will come together/and have fun on this special day." 只有坚持对学生的操练，才能使学生牢固掌握新知，并达到提高学生学习能力的目标。

三、发表汇报——阅读后活动

在发表汇报这个阶段，教师可以安排阅读后活动，因为阅读后活动是延伸运用阶段，既可以进一步提高学生的阅读能力，又可以充分调动、拓展学生的思维。发表汇报分为课堂展示汇报和课外升华汇报两个部分。课堂展示汇报主要有合作表演、续编故事。

例如六年级下册 Unit 2 "Waiting for Another Hare"，学生根据课文续编故事，描写猎人或野兔家人的后续故事发展等。

教师还可以让学生阅读与教材内容程度相当或稍高的相关话题的文段，根据文段的内容画出相应的草图。例如五年级下册 Module 6 "Directions"，学生根据课外阅读材料画出相应的路线图。

课外升华汇报形式可以是写读书笔记、参加英语剧团、制作绘本等。学生通过参与这些汇报活动，动脑动手，可培养语言能力，提高自主学习英语的能力。

综上所述，小学英语 RLPR 话题教学模式运用于小学高年级英语阅读教学，注重阅读方法引导与实践训练，突出学生阅读的主体性，能够比较有效地培养学生的语言能力、文化意识、思维品质和学习能力。

参考文献

[1] 高小兰. 基于英语学科核心素养下的小学英语 RLPR 话题教学 [J]. 师道（教研），2018（4）.

[2] TORGESON J K. Catch them before they fall：identification and assessment to prevent reading failure in young children [J]. American educator，1998，22（1-2）.

（赖燕英，广州市海珠区教育发展中心）

小学英语 RLPR 话题教学模式在词汇教学中的运用

小学英语 RLPR 话题教学模式有四个教学环节，分别是引起关注（Raise concern）、学习新知（Learn）、准备发表（Prepare to report）、发表汇报（Report），取其四个环节的英文首字母，称为"RLPR"。为了发挥 RLPR 话题教学模式的效力，在运用该教学模式教学时，必须进行优化组合，应遵循以下原则：①坚持以话题为中心。②坚持以文本为基础。③坚持以学情为前提。④坚持以情境为主线。⑤坚持以活动为途径。⑥坚持以评价为方式。⑦坚持以教学资源为辅助。⑧坚持以提高综合语言运用能力为目标。⑨坚持以培养学生的思维能力为导向。⑩坚持以情感为升华。本文通过人教版教材三年级上册 Unit 4 "We Love Animals" 的第二课时 Part A Let's learn 课例进行分析，阐述小学英语 RLPR 话题教学模式在词汇教学中的运用。

一、基于 RLPR 话题教学模式，结合 Phonics 教学法，制定本课教学目标

本课教学设计的重点是把词汇放在能听、能看、能触摸的情境中去，渗透 Phonics 自然拼读法来帮助学生记忆单词；通过创设情境，以话题贯穿本课，使静态的文字变得生动起来、学习内容变得"鲜活"起来；将教学内容内化到学生的认知结构中并通过表演等综合语言活动将其转化为一定的语言表达能力，从而体现把话题、功能、结构、任务结合起来的总思路。根据本课教学内容，运用 RLPR 话题教学模式，结合 Phonics 教学法，制定以下目标：

（一）语言知识目标及语言技能目标

（1）通过 Phonics 自然拼读法认读 dog、duck、bear、pig、cat 等单词。

（2）听懂一些简单的指令，并在语境中运用"What's this？It's a…"进行交流。

（3）使用正确的语音、语调朗读小诗并表演。

（4）将新旧知识相结合，在情境中创编小诗。

（二）学习策略目标

（1）根据知识迁移、音素等方法认读单词。

（2）在话题中理解并运用所学的知识。

（3）以话题贯穿整节课，在情境中学习本课的词汇和小诗。

（三）情感态度目标

（1）通过本课的学习，积极参与课堂教学活动，积极与他人开展口语交际，增强学习英语的兴趣和自信心。

（2）通过完成课堂的话题学习任务，向学生渗透热爱动物的情感教育。

（四）文化意识目标

通过让学生了解关于农场动物的内容以及展示动物的可爱，引导学生关爱动物，并推荐关于农场的课外读物《夏洛的网》。

二、结合 RLPR 话题教学模式的原则，运用有效的词汇教学法

本课词汇教学活动的设计遵循 RLPR 话题教学模式的十大原则，大大提高了教学效率，主要采用了以下教学方法：

（1）坚持以话题为中心和以文本为基础的原则，使用小学英语 RLPR 话题教学模式贯穿整堂课，围绕"Farm animals"话题，开展课堂活动。

（2）坚持以情境为主线的原则，创设故事情境，以"熊来到农场，然后动物们躲藏起来，最后把熊赶走"的故事串联课堂。

（3）坚持以提高综合语言运用能力为目标的原则，使用 Phonics 自然拼读法教授单词，帮助学生借助读音有效记忆单词。

（4）坚持以活动为途径和以培养学生的思维能力为导向的原则，使用活动探究法，引导学生通过同桌对话、小组合作、改编小诗等形式进行课堂活动，以学生为主体，使学生的独立探索性得到充分的发挥，培养学生的自学能力、思维能力与活动组织能力。

（5）坚持以培养学生的思维能力为导向的原则，在拓展环节中，采用小组讨论法，组织学生进行小组讨论，促使学生在学习中解决问题，培养学生团结协作的精神。

（6）坚持以评价为方式的原则，使用有趣的评价。以修理农场围栏的游戏为激发点，分组评价，表现积极的小组将获得修理围栏的木桩，以竞赛的形式激发学生的学习兴趣。

三、RLPR 话题教学模式下，结合 Phonics 教学，提高词汇教学的效率

小学英语 RLPR 话题教学模式贯穿整堂课。本课教学意图应用该模式设计教学环节，在情境中新旧结合、应用语言，提高学生说句子的能力，培养学生学习英语的语言能力、文化意识、思维品质和学习能力，即学科核心素养。在 RLPR 话题教学模式下，结合 Phonics 教学，能提高词汇教学的效率。下面以本课四个

教学环节为例，阐述如何运用该模式进行词汇教学、如何把 Phonics 教学融入RLPR 话题教学中。

（一）引起关注

师生通过"Free talk"交流互动，让学生轻松愉快地进入课堂学习。通过趣味字母猜图游戏引起学生关注，渗透字母发音，为后面的词汇教学做铺垫。创设农场的情境，先复习颜色类单词，新旧知识结合，为后面的拓展应用做铺垫。

（二）学习新知

（1）引入农场的话题学习，创设情境，通过歌曲、图片引入本课话题的学习，提升学生的学习关注度，增强他们的求知欲，意图培养学生学习英语的文化意识。

（2）创设故事情境，小熊来农场偷袭，小动物躲藏起来了，通过寻找小动物这个任务学习 cat、pig、dog、duck、bear，利用 Phonics 教学方法学习、操练新单词，并在语境中理解、渗透小诗中的新单词及句子的意思。让学生通过形式多样的信息差猜出农场里的动物，培养学生分析、推理、判断等思维品质。利用遮挡动物图来集中学习单词，渗透 Phonics 教学，引导学生学习新单词，利用各种游戏操练新单词，降低学习难度。

（3）通过图和词连线、快速反应、听音选字母、打地鼠等游戏从音、形、义方面巩固操练所学的单词。通过连线练习把单词的形、义相结合，再通过辨认食物来分辨出动物，培养学生的思维品质。让学生在多样的游戏中巩固新知，吸引学生的注意力，反复操练新单词，意图在有限的课堂教学中高效地完成教学目标，培养学生的思维品质。

（4）在情境中理解小诗，通过跟读、小组读等形式有节奏地朗读小诗，并尝试表演小诗。通过情境的创设，让学生理解句子的意思，通过多形式的听、读和模仿，使学生理解并流利地朗读小诗，尝试通过小组合作表演小诗。注重引导学生在朗读前增加听力输入，培养学生的听、说、读能力。经过多环节的朗读，为下一环节的语言输出做铺垫。

（三）准备发表

小组合作，利用情境设计自己的农场，挑选自己喜爱的动物，并用小诗的形式演说小组作品。利用情境布置任务，学生在小组合作中动手粘贴自己喜爱的动物，设计农场，通过新旧知识的有效整合，引导学生说句子，将语言知识尽可能多地运用于真实自然的情境中，提高学生的综合语言运用能力。

（四）发表汇报

学生分享设计成果并展示语言应用。教师给予评价鼓励学生用英语表达分享和展示小组成果，使学生体验到学习英语的乐趣和运用语言的成就感；结合本课话题，推荐学生课后阅读描写农场动物生活的儿童小说《夏洛的网》，激发学生的课外阅读兴趣，进一步增强学生阅读英语原著的兴趣。

四、结语

由此可见，本课教学充分利用了学生已有的知识和体验，如农场的有趣情境及动物的叫声、习性等，教学过程中反复利用以前所学的句型进行操练，让学生通过复习旧的语言点感知新的语言点，降低教学难度。结合已学过的形容词、有关颜色的单词等进行表达，将新旧知识整合在一起，丰富本课关于动物名称的教学内容，结合小诗朗读及小诗表演提高学生运用语言的能力，从而培养学生学习英语的语言能力、文化意识、思维品质和学习能力。由于本课的授课对象是三年级学生，遵循儿童心理发展规律可知，该年龄段的学生精力旺盛，思维较活跃，对新颖的事物、色彩鲜艳的东西很感兴趣，思维直观形象，有着极强的求知欲和表现欲，因此本课使用 RLPR 话题教学模式进行教学时遵循了该模式的十大原则，并在词汇教学中渗透了 Phonics 教学。Phonics 教学活动也是紧扣 RLPR 话题教学模式的原则进行的，并通过生动的话题情境创设、比赛、游戏、小组合作等方式帮助学生集中注意力，鼓励更多学生参与课堂活动。在小学英语词汇教学中运用 RLPR 话题教学模式，大大提高了词汇教学的效率和课堂的实效。

参考文献

[1] 高小兰. 基于英语学科核心素养下的小学英语 RLPR 话题教学 [J]. 师道（教研），2018（4）.

[2] 高小兰. "小学英语课堂练习的有效设计"的行动研究案例 [J]. 小学教学研究，2011（4）.

[3] 万里虹. 浅谈小学英语语音教学目标与方法　小学英语教材"二次开发"的实践探索 [J]. 长三角（教育），2012（11）.

[4] 许春肆. 如何利用 Phonics 方法提高小学低阶段英语教学质量 [J]. 成功（教育），2013（4）.

（邝健云，广州市海珠区第二实验小学）

下 编

教学设计

三年级教学设计

三年级上册（人教版）Unit 4 "We Love Animals" 教学设计

一、教学内容分析

本节课的教授内容是人教版教材三年级上册 Unit 4 "We Love Animals" Part A 的 Let's talk 和 Let's learn 部分。本单元围绕动物这一话题展开，本节课是第一课时，其中 Let's learn 5 个单词中的 cat、duck、dog 已经在 Unit 2 的 Letters and sounds 部分学过，pig、bear 是新授单词。本节课的重点句型是 "What's this? It's a…"。第二课时再通过 Let's chant 部分加强对单词的认读。

二、学生情况分析

三年级学生刚开始正式接触英语，所储备的英语知识有限，但对英语很感兴趣，他们喜欢在做中学、在玩中学，喜欢观察与思考。他们已掌握了 "What's your name? /This is…/I see…" 等相关句型。根据对教材与学生的分析，本节课创设猪猪侠与熊大到 Old MacDonald 农场争做超级英雄的情境，采用以旧引新、猜测、听说领先、歌谣、TPR 的教学方法，贯彻听说领先、音—义—形的原则，让学生在活动中感知、掌握与运用语言。

三、教学目标

（一）知识与能力目标
（1）听懂、会说、会读以下单词：pig、bear、cat、duck、dog。
（2）听懂、会说句型 "What's this? It's a…"。
（二）情感态度目标
培养学生学习英语的兴趣和保护动物的意识。

四、教学重难点

（一）教学重点
（1）理解并运用句型"What's this? It's a..."。
（2）掌握单词的音与义，初步掌握单词的形。

（二）教学难点
认读句型"What's this? It's a..."与掌握新单词 pig、bear。

五、教学准备

多媒体课件、教学光盘、动物卡片。

六、教学过程

步骤	教学活动	设计意图	设计性原则
Ⅰ. Raising concern （引起关注）	课前热身，情境导入 （1）Greetings （2）Listen to a song: Old MacDonald （3）Lead in the title	听 Let's sing 部分的歌曲 Old MacDonald，把学生引入英语学习的课堂，让学生置身于农场的情境，并以"There are many animals on the farm. Do you love animals?"自然引入课题	趣味性原则 复现性原则
Ⅱ. Learning （学习新知）	1. 建立评价，教授新词 将全班分成两组，用学生喜欢的卡通角色猪猪侠与熊大的名字给小组命名，最快跑到树下的就是保护动物的超级英雄，并在此教授新单词 pig、bear，让学生喊口号"Pig, pig, go, go, go. Bear, bear, go, go, go."加深印象，突破对新单词的掌握	以介绍玩具的视频作为输入材料，引入对新单词的学习	情境性原则 目的性原则

（续上表）

步骤	教学活动	设计意图	设计性原则
Ⅱ. Learning（学习新知）	2. 以旧引新，学习句型 以 "Old MacDonald's Farm is far away. There's one special thing in my bag. It can take us to the farm." 引出在书包里找神秘的东西。以 "This is a bag." 引出 "It's a bag."，然后在书包里找出已学过名称的文具。教师不断重复问："What's this?"学生运用新句型 "It's a..." 来回答。最后找出 bus 形状的 pencil-box，教师做开车的动作，再次让学生喊口号："Pig, pig, go, go, go. Bear, bear, go, go, go."	从学生的生活经验中投其所好，运用学生喜爱的卡通角色来激发学生的学习兴趣，加深学生对新单词的认识	趣味性原则 目的性原则 针对性原则
	3. 运用句型，复习单词 （1）Guess what animals are on the farm （2）Students ask the teacher, the teacher acts out the animals, and students guess （3）Chant （4）Play the guessing game in pairs	让学生进行头脑风暴唤醒旧知，回忆已学过的动物单词。创设信息差，引导学生运用问句 "What's this?" 进行提问，并根据教师的动作猜单词；再用 chant 来巩固问答句；最后利用 TPR 教学的 guessing game，让学生自由问答，让机械操练变成语言运用	目的性原则 针对性原则 运用性原则
	4. 听说领先，学习对话 （1）Guess the dialogue between Mike and Wu Yifan （2）Listen and repeat （3）Open the books and read （4）Read in roles	让学生猜测对话，让学生思考并明白句型是在什么语境下运用的。注重先听后说，符合语言学习规律，让学生的注意力更集中。同时，录音给予学生最标准的示范。打开书本让学生指读，形成良好的阅读习惯。通过角色扮演再次操练课文，让学生更深刻地理解和记忆课文	情境性原则 趣味性原则 运用性原则

（续上表）

步骤	教学活动	设计意图	设计性原则
Ⅲ．Preparing to report（准备发表）	拓展练习，运用句型设计问答情境，让学生配音。除了动物外，还拓展到文具等方面，逐层加深难度，根据难度设置奖励，以此激发学生的兴趣和掌握本课主要句型的使用	通过推销活动，让学生在任务的驱使下学会正确使用语言知识，发展语言技能，并通过骨架文本的帮助系统地理顺所学习的语言知识，做到合理输出。另外通过面对面推销，发展学生的个性以及进一步激发学生用英语交流的兴趣	情境性原则趣味性原则运用性原则
Ⅳ．Reporting（发表汇报）	小结知识，情感教育	小结本课学习内容，并进行情感教育	运用性原则交际性原则
Homework	1．听录音，跟读课文第38～39页4次 2．与同桌表演第38页对话 3．运用 "What's this? It's a…" 与同桌进行问答PK赛	强调听录音跟读，模仿正确的语音、语调。表演对话，加深理解与运用。利用学生的竞争心理，让学生进行问答PK赛，激发学生运用英语	复现性原则运用性原则

（黄小洁，清远市清城区古城小学）

三年级下册（人教版）Unit 6 "How Many?" 复习课教学设计

一、教学内容分析

本节课的教学对象是三年级学生。因此，在语言运用和表达上可能会出现一定的困难。但学生思维活跃，对英语课有好奇心，具有积极热情、喜欢挑战、喜欢表现的特点。教师需要根据学生的特点，激活学生原有的知识经验及语言能力，为学生提供能够表达并乐于表达的语言平台，让他们把学到的英语知识运用到体育课堂、生活中去。

二、学生情况分析

本课题选自人教版英语三年级下册 Unit 6 "How Many?"，复习内容为关于数字的单词 one 到 twenty。学生已经学习了数字的英语词汇，因此，在本节课中，笔者大胆创新，把英语课融入体育课堂中，以游戏和活动为途径，渗透任务型教学，让学生在玩中学、在学中玩。

三、教学目标

（1）听、说、读 20 个关于数字的单词：one、two、three、four、five、six、seven、eight、nine、ten、eleven、twelve、thirteen、fourteen、fifteen、sixteen、seventeen、eighteen、nineteen、twenty。

（2）把所学的数字词汇运用到体育课堂、生活中去。

四、教学重难点

拓展数字 21～100 对应的英语词汇。

五、教学策略

（1）教具使用：相关单词教学卡片、一块小黑板和一些体育用品。

（2）教学方法：听说法、问答法、游戏法、直观法和情境法。

（3）预期效果：能让学生熟练地用英语说 1～20 对应的单词，并且能分小组进行讨论、乐于与他人合作，在合作过程中积极发挥各自所长，分工完成学习任务。同时，教育学生在学习英语的同时，进行体育锻炼，懂得"每天锻炼身体，使我们健康和富有"。

六、教学过程

步骤	教学活动	设计意图	设计原则
Ⅰ．Raising concern（引起关注）	Let's do For example：Attention！Rest！Turn left！Turn right！Shake your body！Touch the ground！Cross your legs！Turn around！	用 Let's do 来调动学生的情绪，让学生在轻松的氛围中进入最佳学习状态	趣味性原则 复现性原则

（续上表）

步骤	教学活动	设计意图	设计原则
Ⅱ．Learning（学习新知）	1．Enjoy an English song：*Ten Little Indian Boys*	利用歌曲激发学生的学习兴趣	情境性原则 目的性原则
	2．Ask the students to count the numbers from one to ten，and then from ten to one	操练形式灵活多样	
	3．Practice in pairs 4．Have a race（分组：boys' team and girls' team）	利用男生与女生比赛来激发兴趣	
	5．Let's play the first game（说一个数字的相邻的数） For example：The teacher says one，and the students should say zero and two 6．Let's play the second game（猜拳PK） 运用：What's _____ and _____? It's _____ （学生可以直接说出结果）	利用男生与女生猜拳PK的游戏，激发学生的学习兴趣，培养学生认读单词的能力；学生扮演小老师角色，锻炼学生的胆量	
	7．Look and read together the numbers from one to ten．And then the teacher points，the students read together	教师踢毽子，让学生进行数数操练，这样使学生的印象更深刻	
	8．Ask a student to be a little teacher（Point and read，one by one） 9．T：Oh，maybe Miss Chen is a little fat，so I want to keep fit．Look at this（毽子），I can kick．Can you count?（The teacher kicks twenty times） 10．Look at the cards，and read together 操练形式有齐读、小组读、男女生读、开火车读、大声读、小声读、快速读、慢速读等。（教师可以灵活运用其中一两种形式来教）	操练形式灵活多样	

（续上表）

步骤	教学活动	设计意图	设计原则
	11. Let's play the third game（Finding game）（把卡片放在桌子上，教师说其中一个数字，或叫学生说其中一个数字，让两个学生比赛，谁找得快，谁就是赢家） 12. Let's play the fourth game（Reading game）（教师指单词，让学生辨认和读。教师读对了，学生要跟着读；教师读错了，学生要站起来） 13. 叫两个学生给打乱的单词排序，一个排1~10的单词，另一个排11~20的单词，看谁排得又快又对	利用游戏，激发学生学习的热情，让学生比赛认单词	
Ⅱ．Learning（学习新知）	14. The teacher shows a basketball and asks："Can you bounce the ball?" Call out a student to bounce the ball. A student bounces, the others count together. When the students count to twenty, the teacher goes on bouncing one time, and then says "twenty-one".（教师继续拍球，边拍边数，从twenty-two到thirty） 15. Show a picture. Compare thirteen and thirty, fourteen and forty, fifteen and fifty, sixteen and sixty, seventeen and seventy, eighteen and eighty, nineteen and ninety 16. Show a picture of a fat man T：He's a fat man. He eats more and sleeps more, so he's fat now. He can't run, and he can't walk	用对比的方法来教13和30，14和40，15和50，16和60，17和70，18和80，19和90的英语表达	情境性原则目的性原则

（续上表）

步骤	教学活动	设计意图	设计原则
Ⅲ. Preparing to report （准备发表）	T：We must do sports every day. And I know all of you like playing games very much, so today you can play. But before you play, please listen to my two questions Q1：How many times can you bounce? Q2：How many times can you jump?	让学生带着任务进行体育锻炼 为了达到快乐说英语、快乐学习的目的，教师在这里设计一个自由活动的环节，让学生在快乐的活动中巩固所学的知识	情境性原则 趣味性原则 运用性原则
Ⅳ. Reporting （发表汇报）	1．（教师发给两个学生一个球或一条绳。让学生以小组为单位，一边拍球或者跳绳，一边用英语数数）让学生自由活动6分钟 2．渗透思想教育：Exercises every day makes us healthy and wealthy	通过分享和聆听，培养学生综合运用语言进行表达的能力	运用性原则 交际性原则

七、板书设计

Unit 6　How Many?
（复习数字 one to twenty）

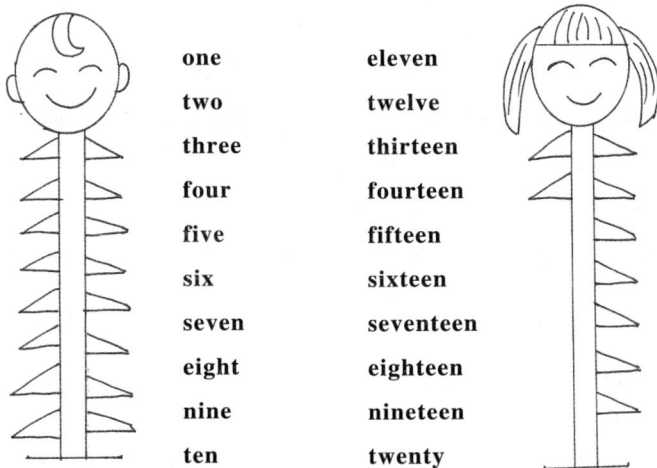

one	eleven
two	twelve
three	thirteen
four	fourteen
five	fifteen
six	sixteen
seven	seventeen
eight	eighteen
nine	nineteen
ten	twenty

（陈丽丽，湛江市遂溪县遂城第二小学）

三年级上册（教科版）Unit 9 "Is It a Cat?" 语音课教学设计

一、教学内容分析

本节课是 Module 5 "Toys" Unit 9 "Is It a Cat?" 的第一课时，课型是语音课。教学内容是本模块的 Sound family（包含 Listen and repeat 和 Read the rhyme 两部分）。本节课中，学生将复习辅音字母 j、k、l、m、n、p、q 的基本发音以及着重区别字母 i 的开闭音节发音，并运用这些规律进一步强化自身的 Phonics 语音知识，提高见词读音、听音辨词等技巧。

学生经过二年级和三年级的学习，陆续掌握了辅音字母发音以及元音字母 a、e 的开闭音节发音规律，本节课设计通过游戏、歌曲和故事等进一步丰富学生的语音知识和提高其拼读技能，帮助学生形成良好的语音素养，为学生学习词汇及培养阅读能力打下基础。

阅读文本讲述一头猪的搞笑时刻，内容包括含 i 的单词，读起来朗朗上口，趣味性强，有利于培养学生的阅读兴趣和习惯。

二、学生情况分析

虽然是异地教学，不了解上课学生的情况，但学生的英语口语基础较好，已初步学习了 26 个字母的基本发音，在前四个模块的学习中，学生掌握了两个元音 a、e 及其开闭音节的拼读规则，也积累了部分辅音字母的发音规律，初步认识字母组合的发音，记忆单词。学生平时学习单词时，教师也很注重 Phonics 的渗透，学生对 Phonics 的学习模式及自然拼读法的规则有了一定的知识储备。三年级学生好奇心强、喜欢模仿、学习英语的兴趣浓厚，而且他们思维活跃、接受能力强、表达欲望强烈，在英语学习上有很大的提升空间。这个年龄段的学生喜欢在歌曲、游戏、故事中学习英语。结合学生的特点，笔者希望本节课通过形式多样的活动，激活学生已有的 Phonics 拼读基础，提升学生的 Phonics 拼读能力和故事阅读能力。

三、教学目标

（一）语言知识目标

（1）掌握字母 j、k、l、m、n、p、q 的基本发音。

（2）知道字母 i 的发音有长音和短音。

（3）拼读含有字母 i 的单词，读出含有这些单词的句子和故事。

（二）语言技能目标

运用已学的 Phonics 知识读出新单词以及含有新单词的句子和故事。

（三）学习策略目标

（1）在学习中集中注意力，细心聆听，认真模仿，大胆尝试。

（2）小组合作学习，共同发展。

（四）情感态度目标

注意新单词与旧单词的联系，发现拼读规律，并运用 Phonics 知识学习单词及阅读句子、故事。

（五）文化意识目标

知道唯有爱与美食不可辜负，同时要有健康饮食的概念。

四、教学重难点

（一）教学重点

（1）知道字母 i 的发音有长音和短音。

（2）拼读含有字母 i 的单词，朗读含有这些单词的句子和绘本故事。

（二）教学难点

（1）区分字母 i 的长短音。

（2）运用发音规律朗读绘本故事。

五、教学策略

（1）教师通过小诗、游戏等让学生学习字母 i 的开闭音节发音。

（2）注重小组合作学习和过程评价，提高学生参与课堂活动的积极性，促进学生共同发展。

六、教学准备

多媒体课件、视频、图片。

七、教学过程

步骤	教学活动	设计意图	设计原则
Ⅰ. Raising concern（引起关注）	1. Song 2. Game：Sharp eyes	通过歌曲和游戏营造轻松的学习气氛，把学生的注意力集中到课堂上。游戏环节复习了以前所学的语音知识，同时为后面的教学做铺垫	趣味性原则 复现性原则
Ⅱ. Learning（学习新知）	1. Learn long "i" （1）Learn and read phonics chant，and find the rules （2）Watch the video and learn long "i" （3）Take a train （4）Read the words in groups （5）Check up the words	1. 通过一首含有字母 i 的诗歌，引出本课的学习重点，并找出含有 i 的单词，让学生自己发现规律 2. 通过变换辅音，练习 i 的长音拼读，一步步内化 i 的长音发音，最后小组读单词，检查 i 的长音发音	趣味性原则 目的性原则 情境性原则
	2. Learn short "i" （1）Let's think：how does the "bit" sound? （2）Watch the video to learn short "i" （3）Let's chant （4）Read the words in groups （5）Check up the words	1. 通过 bite 引出对 bit 的思考，并立即放映短音 i 的发音视频，让学生自己发现规律 2. 通过变换辅音，练习 i 的短音拼读，一步步内化 i 的短音发音，最后小组读单词，检查 i 的短音发音	
	3. Compare long "i" and short "i"	通过比较，让学生清晰地区分 i 的两种发音	目的性原则 针对性原则
	4. Listen and choose the apples, then group the apples	通过摘苹果、分苹果的形式，进一步内化 long i 和 short "i" 的发音，提高学生对 long "i" 和 short "i" 发音的分辨能力，为后面朗读含有 long "i" 和 short "i" 单词的句子打下基础	趣味性原则 目的性原则

（续上表）

步骤	教学活动	设计意图	设计原则
Ⅲ．Preparing to report（准备发表）	1．Look at the cover and predict the story	1．经过一节课的练习，学生能基本掌握字母 i 的发音规律。这一环节能给学生创造阅读的机会，以此检测学生对 i 的发音规律的掌握情况。有趣的画面激发了学生的学习兴趣 2．通过小组合作朗读故事和表演故事，学生能更加深刻地了解故事，也培养了学生积极与他人合作、共同完成任务的品质	情境性原则 趣味性原则 运用性原则 目的性原则 交际性原则
	2．Read the story in groups, find the words about long "i" and short "i"		
	3．Enjoy the whole story		
Ⅳ．Reporting（发表汇报）	Act out the story		
Homework	1．Act out the story or retell the story to your parents 2．Try to read	让学生把课堂的内容延伸到课后	运用性原则

八、板书设计

Sound family

Fun with i

i-e　kite　　　　　　i　pig

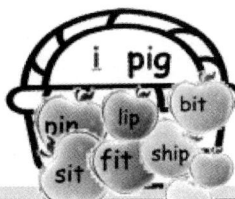

小组评价

（梁燕弟，广州市番禺区南村镇市头小学；陈倩仪，广州市番禺区市桥南阳里小学）

三年级上册（教科版）Unit 10 "I Have a Ship" 教学设计（一）

一、教学内容分析

本节课是 Module 5 "Toys" Unit 10 "I Have a Ship" 的第一课时，围绕 "I have a…" 这一话题展开。学生通过课文学习，能够掌握 show、please、have、ship、plane、car、bus、bike、boat 等单词，理解并运用句型 "I have a…"。在教学中通过创设生动有趣且较为真实的情境，从展示学习延伸到描述学生自己的玩具，培养学生学习英语的兴趣。

二、学生情况分析

经过一、二年级的英语学习，三年级学生能够用简单的英语进行交流，能听懂简单的英语并做出反应。学生在一、二年级已经学过本节课的一些内容，同时他们对英语学习有浓厚的兴趣，积极参与课堂活动。由儿童心理发展规律可知，三年级学生精力旺盛、思维较活跃，但他们在课堂上自控能力较弱，因此教学中通过唱歌、情境创设、小组合作等方法帮助学生集中注意力，在话题教学模式下促进学生掌握教学内容。

三、教学目标

（一）语言知识目标
（1）在情境中听、说、认读以下单词：show、please、have、ship、plane、car、bus、bike、boat。
（2）在情境中听、说、认读句型 "I have a…"。

（二）语言技能目标
（1）在教师的引导下根据学过的读音规则拼读新单词。
（2）理解课文内容，正确朗读课文。
（3）在情境中运用句型 "I have a…" 来展示自己的玩具。
（4）在情境中向他人介绍自己的玩具。

（三）学习策略目标
（1）通过教师领读、学生跟读的方法，帮助学生学习新单词。
（2）通过听说活动，培养学生的口头表达能力。

（四）情感态度目标

（1）通过有趣的情境布置，培养学生敢于开口、敢于模仿的英语学习态度。

（2）通过小组合作共同完成学习任务，培养学生的小组合作意识。

（3）通过奖励性评价，培养学生学习英语的兴趣。

（五）思维品质目标

通过本节课的学习，力图引导学生大胆地表达，运用所学的知识，能向他人展示自己的玩具，培养学生共享资源的良好品质。

四、教学重难点

（一）教学重点

（1）在情境中听、说、认读本节课的单词和句型。

（2）理解对话内容，正确朗读课文。

（3）在情境中向他人介绍自己的玩具。

（二）教学难点

（1）单词 show 的发音。

（2）用句子"Show me your toys，please."请求他人展示其玩具。

（3）用句型"I have a…"来展示自己的玩具。

五、教学策略

（1）本节课以"show me your toys"为主线，创设真实的语言情境，充分利用游戏、图片等资源进行单词、句型、课文的教学，寓教于乐，优化课堂教学。

（2）在教学过程中，尽量引导学生运用所学的知识进行交流与汇报，培养学生的综合语言运用能力。

（3）以话题开展教学。在教学过程中以话题为中心，以交流为目的，以听说为途径，以问题为引导，在对话中拓展培养学生的综合语言运用能力。

六、教学准备

课件、卡片等。

七、教学过程

步骤	教学活动	设计意图	设计原则
Ⅰ. Raising concern（引起关注）	本课围绕"show me your toys"创设真实的语言情境，充分利用歌曲、游戏、图片等进行教学 1. Sing a song：*A Picture of Me* 2. Play a guessing game：How many toys in your bedroom？ 师生问答引出学习新单词show、please 3. 创设情境复习 Is it a…？ Is it a cat？ball/kite/bear/dog…	通过歌曲、猜谜游戏集中学生的注意力，引起学生关注，激发学习兴趣。同时复习"Is it a…？"句型，为后面学习"I have a…"句型做铺垫	趣味性原则 目的性原则 复现性原则
Ⅱ. Learning（学习新知）	1. 由前面的复习引出并学习新单词：show、please、have、ship、plane、car、bus、bike、boat（采用图片、实物演示法和拼读法等学习新单词）	采用单词拼读法降低学生学习单词的难度，激发学习兴趣，培养学习能力	趣味性原则 目的性原则
	2. 从真实的情境出发，学习新句型：Show me your toys，please. I have a…	通过真实的语言情境学习"I have a…"，学生易于理解与掌握	趣味性原则 目的性原则 情境性原则
	3. 学习单词：ship、plane、car、bus、bike、boat	通过真实的语言情境学习这些单词，学生易于理解与掌握	趣味性原则 情境性原则
	4. 学习课文 （1）创设情境，听课文录音并回答问题 （2）跟读课文，找出新单词 （3）小组操练 （4）看提示词背课文	通过学习课文，巩固所学的单词和句型	目的性原则 复现性原则

（续上表）

步骤	教学活动	设计意图	设计原则
Ⅲ．Preparing to report（准备发表）	教师示范，小组互相询问与介绍，最后让学生设计玩具并向同伴描述，完成语言的输入—输出的过程	1．通过教师的示范，引导学生使用所学的句型介绍自己的玩具，让学生学以致用，培养学生灵活运用知识的能力 2．小组活动：拿出事先准备好的玩具，四人小组的成员互相询问与介绍，培养合作精神	情境性原则 趣味性原则 运用性原则
Ⅳ．Reporting（发表汇报）	小组派代表汇报	鼓励学生运用所学的语言谈论"my bedroom"，从而培养连贯表达的能力	运用性原则 交际性原则
Homework	描述自己的玩具	课堂上学生已对自己的玩具进行了口头描述，回家后将其写出来并做成手抄报，巩固所学的知识，减轻负担，增强兴趣	复现性原则 运用性原则

八、板书设计

Unit 10　I Have a Ship

show

please

have

ship

plane

car

bus

bike

boat

Show me your toys, please.

I have a...

（玉珍，西藏自治区林芝市朗县中心小学；吴二锋，西藏自治区林芝市工布江达县金达镇中心小学；易东方，西藏自治区林芝市工布江达县小学；马玉淋，西藏自治区林芝市第一小学；边巴拉姆、白玛卓嘎、达娃央宗，西藏自治区林芝市英语骨干教师跟岗培训 B 组）

三年级上册（教科版）Unit 10 "I Have a Ship" 教学设计（二）

一、教学内容分析

本节课是 Module 5 "Toys" Unit 10 "I Have a Ship" 的第一课时，在这之前，学生学习了 cat、dog 等单词，能用 "Is it a...?" 来猜玩具、做游戏。本节课将继续学习交通工具类的玩具词汇和句型 "I have a..."。以 toy show 为主线，重点是让学生学会介绍自己的玩具。

二、学生情况分析

三年级学生年龄小，活泼好动，直观形象思维能力较强，对游戏、竞赛、画画特别感兴趣，有着极强的求知欲和表现欲。根据学生的心理特点，在设计课堂教学活动时采用灵活多样的教学方法来吸引学生的注意，努力营造玩中学、学中玩的教学情境。学生在一、二年级已初步掌握了关于颜色的单词，因此本节课将通过颜色滚动辨识的方法，注重培养学生连贯表达的能力。

三、教学目标

（一）语言知识目标
（1）在语境中巩固运用以下单词：
①玩具类：ship、plane、car、bus、bike、boat。
②视觉词：show、have、please。
③颜色类：red、yellow、blue、white、black、orange、green 等。
（2）熟练运用以下句型：
①I have a... It's...
②Is it a...? Yes, it is. /No, it isn't.

（二）语言技能目标
（1）理解和流利地朗读文本。
（2）用几句话介绍自己的玩具。
（3）小组合作表演对话。

（三）学习策略目标
（1）积极与他人合作，完成学习任务。
（2）仿照文本进行连贯表达。

（四）情感态度目标

积极参与课堂活动，保持学习热情。

（五）文化意识目标

爱惜玩具，自己收拾好玩具。

四、教学重难点

（1）记忆新单词。
（2）用几句话介绍自己的玩具。

五、教学策略

（1）通过游戏、歌曲等方式开展教学活动，让学生在愉悦的氛围中学习。
（2）运用 RLPR 话题教学模式组织教学。

六、教学准备

课件、图片、字卡。

七、教学过程

步骤	教学活动	设计意图	设计原则
Ⅰ. Raising concern （引起关注）	1. Game 1：Card games 2. Song：*I Have a Toy Bear*	1. 通过翻牌游戏，复习 Unit 9 关于玩具的单词 2. 通过歌曲，引入对"have"的学习	趣味性原则 复现性原则
Ⅱ. Learning （学习新知）	1. Show a video 2. Learn the new words	以介绍玩具的视频作为输入材料，引入对新单词的学习	情境性原则 目的性原则
	1. Game 2：Shout the words 2. Game 3：Find the rule 3. Game 4：Listen and guess	通过三个游戏，巩固单词的音、形、义，并滚动复习"Is it a...?"	趣味性原则 目的性原则 针对性原则
	Dialogue learning （1）Watch the video and find out what toys the children have （2）Read the dialogue （3）Choose the right sentences	1. 让学生带着任务听课文，锻炼学生听取信息的能力 2. 让学生选句子，了解学生理解文本意思的情况	目的性原则 针对性原则 运用性原则

（续上表）

步骤	教学活动	设计意图	设计原则
Ⅲ．Preparing to report （准备发表）	Act out the dialogue in groups	小组准备表演对话，教师可进行个别指导	情境性原则 趣味性原则 运用性原则
Ⅳ．Reporting （发表汇报）	Act out the dialogue	给学生提供展示的机会	运用性原则 交际性原则
Homework	1．Copy the new words 2．Stick words on your toys	让学生把课堂的内容延伸到课后，与学生的生活相结合	复现性原则 运用性原则

八、板书设计

Unit 10　I Have a Ship

Show me your toys, please.

I have a _____.

plane　　　bike　　　car　　　　bus　　　　ship　　　boat

（何惠杭，广州市番禺区市桥先锋小学）

三年级下册（教科版）Module 1 "Colours"复习课教学设计

一、教学内容分析

本模块是 Module 1 "Colours"，本节课学习内容为复习 Module 1 "Colours" 的 Unit 1 和 Unit 2，课型为复习课，但难度不大，学生容易掌握。在复习 red、blue、yellow、green 等多个颜色单词的基础上，让学生用 "What colour is it? It's…" 来提问和回答，同时通过游戏、画画、编歌等方法复习所学的内容，使课堂内容生动、形象、易学，学生对该话题比较熟悉，也比较感兴趣。因此在教学设计上采取重构文本的教学策略，先学习词条的内容，解决对话的重难点，注重培养学生的提问意识，最后引导学生发表汇报所学的知识。

二、学生情况分析

本节课教学对象是三年级学生，他们处于学习英语的起步阶段且活泼好学。通过对 Module 1 的学习，学生已掌握 red、blue、yellow、green 等多个颜色单词，因此，在课堂上采用由词到句再到篇、逐层递进的教学原则。笔者在这一课中主要给学生创设一个符合学生实际的语言教学情境，设计了游戏、比赛、画画、唱歌、分角色朗读、小组分享等环节让学生乐于开口说英语，积极参与各个教学活动，达到运用英语进行交际的目的，使学生边学边练并获得一定的成就感，激发学生学习英语的兴趣，通过复习课、练习等达成学习目标。

三、教学目标

（一）技能目标

学习有关颜色的单词，认识身边物体和自然现象中的颜色并且通过句型"What colour is it? It's..."进行问答。

（1）听、说、拼读下列单词：red、yellow、green、blue 等。

（2）运用下面的句子询问颜色和进行日常对话：

What colour is it? It's...

Do you like...? Yes, I do. /No, I don't.

Do you have...? Yes, I do. /No, I don't.

（二）情感目标

在学习活动中感受色彩的美。

（三）交际目标

用"What colour is it? It's... Do you like...? Yes, I do. /No, I don't. Do you have...? Yes, I do. /No, I don't."等句型来进行一些有意义的活动。

四、教学重难点

（一）教学重点

运用下列句型进行对话：

What colour is it? It's...

Do you like...? Yes, I do. /No, I don't.

Do you have...? Yes, I do. /No, I don't.

（二）教学难点

（1）名词复数形式的表达。

（2）将有关颜色的物品与生活相联系，进行英语对话。

五、教学策略

（1）创设真实的情境，开展有效的教学活动，激发学生的学习积极性，丰富学生的知识。

（2）通过小组合作，提高学生的综合语言运用能力。

六、教学准备

课件、光盘、电脑。

七、教学过程

步骤	教学活动	设计意图	设计原则
Ⅰ．Raising concern（引起关注）	1．Free talk： Hello! What's your name? Nice to meet you. 2．Let's do： Touch your nose/eyes/mouth…	通过交谈引起学生关注，激发学习兴趣，复习旧知，引出本课的课题	趣味性原则 复现性原则
Ⅱ．Learning（学习新知）	1．Introduce the new friend，Jacky 2．Revise the colours：red，yellow，green，blue…	创设情境，激发学生参与活动的兴趣，唤起学生对知识的回忆，复习有关五官和颜色的单词	情境性原则 复现性原则 目的性原则
	3．Revise the phrases：a plane，two boats，three yellow cars…	通过 Jacky 派发礼物，复习学过的单词，激发学生参与活动的兴趣，引导学生体验、感知语言	情境性原则 目的性原则
	4．Revise the sentences： What colour is it? It's… Do you like…? Yes，I do．/No，I don't． Do you have…? Yes，I do．/No，I don't．	同位操练，进一步巩固语言知识，将所学的语言落实到情境中操练	

（续上表）

步骤	教学活动	设计意图	设计原则
Ⅲ．Preparing to report（准备发表）	1．Practice in pairs： I like… Let's colour the toy plane…	设置真实情境，利用礼物开展同桌学习活动，学生根据已有的生活经验，将所学的语言落实到情境中，体验语言的真实性、交际性和学习的成就感	情境性原则 趣味性原则 运用性原则
	2．Sing a song：*Colour*	通过唱这首歌，引出各种物品的颜色，激发学生的学习兴趣，增强他们的求知欲并让他们举一反三，拓展课本的知识	
	3．Read and write：fill in the blanks	将语言知识内化为自己的语言能力，达成学习目标	
Ⅳ．Reporting（发表汇报）	1．Show time：make a dialogue	同位操练，进一步巩固语言知识，将所学的语言落实到情境中操练	目的性原则 运用性原则
	2．Read club	通过看、听、回答问题，理解篇章所述的内容	
Homework	1．听读课文 2．知识归类		复现性原则 运用性原则

八、板书设计

整个板书工整、清晰美观，能突出教学重难点，以教师严谨的教学态度影响学生，使学生对这节课的学习内容一目了然，留下深刻的印象。

Module 1　Colours（Review）

What colour is it? It's…

What colours are they? They're…

Do you like…? Yes, I do.／No, I don't.

Do you have…? Yes, I do.／No, I don't.

（张群英、陈少、苏少欢，佛山市顺德区北滘镇朝亮小学）

三年级下册（教科版）Unit 3 "Where's My Car?" 教学设计

一、教学内容分析

Module 2 的话题是"方位"（Positions），本节课的主要学习内容是 Unit 3 "Where's My Car?" Let's talk 部分的课文，包括方位介词 near，物品类词 robot、doll、pencil-box 和句型 "Where is the…? Is it…?"。通过本节课的学习，学生能用英语谈论物品的位置。三年级上册 Module 5 "Toys" 的 Unit 9 "Is It a Cat?" 和 Unit 10 "I Have a Ship" 以及 Module 6 "School Things" 的 Unit 11 "Do You Have a Pencil?" 和 Unit 12 "Put It on the Desk" 已经学了常见玩具、文具类词汇以及方位介词 in、on、under。本节课将充分利用学生原有的知识储备，将新旧知识整合在一起，丰富教学内容，提高学生实际运用语言的能力。

二、学生情况分析

三年级学生活泼好动、学习兴趣浓厚、模仿力强、表现欲强。他们经过一、二年级的口语学习和三年级上学期的学习，已经掌握了部分玩具、文具类词汇的表达和方位介词 in、on、under。因此，在课堂上教师要激活学生原有的知识储备，以旧引新，以便学生更好地掌握新知识。

三、教学目标

（一）语言知识目标

（1）听、说、认读、理解新单词：where、robot、doll、pencil-box、near。

（2）理解、听、说句型 "Where is the…? Is it…?" 并在情境中运用。

（二）语言技能目标

（1）运用 Phonics 尝试拼读本课新单词。

（2）理解并运用本课所学的句型：Where is the…？ Is it…？

（3）流利地朗读课文并在关键词的提示下复述课文。

（三）学习策略目标

（1）通过旧单词学习新单词，运用 Phonics 拼读本课新单词。

（2）通过模仿、小组合作学习语言。

（四）情感态度目标

培养学生积极参与课堂教学活动，积极与他人进行口语交际，增强学习英语的兴趣和自信心。

（五）文化意识目标

让学生思考位置变化的相关内容，使其懂得要保持房间、教室的干净整洁，养成爱干净和清洁的好习惯。

四、教学重难点

（1）理解并运用句型：Where is the…？ Is it…？

（2）熟练运用介词描述物品的位置。

（3）流利地朗读课文并在关键词的提示下复述课文。

五、教学策略

（1）利用课件、图片等资源辅助教学，让学生掌握单词的音、形、义和句型的运用。

（2）联系实际生活，利用听读方式对学生进行语言输入，使所学的内容生活化、情境化。

（3）通过课堂活动，让学生体验到学习英语的乐趣和运用语言的成就感。

六、教学准备

课件、卡片、玩具等。

七、教学过程

步骤	教学活动	设计意图	设计原则
Ⅰ．Raising concern（引起关注）	1. Sing a song：*On*，*In*，*Under* 2. Guessing game T：Look，I have a box.（晃动箱子）Guess，what's in the box? 学生用"Is it…?"句型进行猜测，教师根据实际情况回答"Yes，it is./No，it isn't."	歌曲韵律动感十足，加上表示方位的手势，起到很好的热身作用，让学生轻松愉快地进入课堂学习；再通过猜谜游戏复习上学期所学的句型"Is it…? Yes，it is./No，it isn't."	趣味性原则 目的性原则 复现性原则
Ⅱ．Learning（学习新知）	1. 教师拿出遮住一半的铅笔，让学生猜测。学生猜出答案或教师揭示答案后，板书单词 pencil，再拿出包装纸包裹的铅笔盒，让学生猜测。再板书单词 box，在两个单词之间加上连字符，成为本课新词 pencil-box。让某组学生拿着铅笔盒"开火车"读	拆分 pencil 和 box 板书，让学生能够理解 pencil 和 box 合起来就是 pencil-box，用拆分法记忆单词	趣味性原则 目的性原则 情境性原则
	2. 教师提问："I also have some toys in the box. Guess，what is it?"展示包裹好的洋娃娃，几次回答后没人猜到就揭开一角。教师带读时通过张嘴、手势向上卷，示意卷舌，然后全班齐读、拼读，教师再手拿实物让学生读	配合手势帮助学生更好地掌握读单词的关键	趣味性原则 目的性原则 情境性原则
	3. 拿出包好的机器人，让学生继续猜测。使用自然拼读日历展示单词拼写和发音规则。全班拼读后用大小声游戏操练几遍	用 Phonics 引导学生学习新单词，便于快速拼读、记忆单词，并通过多种形式操练，提高课堂效率	
	4. 通过洋娃娃和机器人的位置带出 near，再板书上学期单词 ear，加上 n 成为本课新单词 near。全班读，配合复习时热身歌曲中的方位手势	用以旧引新的方法引出新单词，降低学习新单词的难度	

（续上表）

步骤	教学活动	设计意图	设计原则
Ⅱ．Learning（学习新知）	5．教师提问："I have a car. But it's missing.（给学生看空箱）Where is my car?"板书"where's = where is"。带读后又问："Is it…?"板书，再加上介词替换操练	创设和课文相近的情境，带出句型	目的性原则针对性原则运用性原则
Ⅲ．Preparing to report（准备发表）	1．观看"金太阳"教学软件动画 2．教师带读，学生一句一句跟读 3．全班齐读一次 4．男生、女生分角色朗读 5．四人小组朗读	通过观看课文动画，跟教师朗读课文，全班齐读，男生、女生分角色朗读和四人小组朗读，让学生理解并流利地朗读甚至背诵课文	目的性原则情境性原则
Ⅳ．Reporting（发表汇报）	1．四人小组根据关键词表演课文 2．Work in pairs：同桌一人藏东西，另一人戴眼罩，利用手头上的文具、玩具操练本课的句型	学生展示、分享练习成果，使所学的内容生活化、情境化，并在课堂中体验学习英语的乐趣和运用语言的成就感	运用性原则交际性原则
Homework	1．抄写 Unit 3 的单词 2．背诵 Unit 3 的课文 3．一起做作业（听力练习）	让学生把课堂的内容延伸到课后，通过抄写单词巩固记忆；在课堂上流利朗读课文后，课后加深记忆，背诵课文；再通过一起做作业完成相应的听力练习	复现性原则运用性原则交际性原则

八、板书设计

Module 2　Positions
Unit 3　Where's My Car？（**Let's talk**）

where's = where is　　　　Where is the…?
pencil-box　　　　　　　Is it…?
robot　　　　　　　　　Yes，it is.　　　No，it isn't.
doll
near

（张祎希，广州市海珠区赤岗小学）

三年级下册（教科版）Unit 8 "Apples Are Good for Us" 教学设计

一、教学内容分析

Module 4 "Fruits" 的内容贴近学生的生活。在一年级下册 Unit 6 中，学生已经接触过 apple、orange、banana、grape 等水果单词，对大部分水果单词有一定的认识；本模块的句型也比较简单，学生在 Unit 7 中已经学习了 "Do we have…? / May I have…?" 等问句及其答句。Unit 8 的词汇有 4 个，重点句型是 "Can I have…?/What fruit do you like?" 及其答句。学生可以从 "May I have…?" 这个句型转移到 "Can I have…?"，所以我们会重点学习句型 "What fruit do you like?" 及其答句。本节课为 Unit 8 的第一课时（听说课），教学的主要内容为 Let's talk 部分，要求学生能流利地朗读课文，并把所学的词汇和句型运用到交际中。

二、学生情况分析

三年级学生学习英语的兴趣很浓厚，他们乐于表现自己，语言模仿能力强，形象思维占主导地位，喜欢通过唱歌、玩游戏等活动学习英语。本节课的学习内容对于学生来说比较生活化，与学生息息相关。同时他们喜欢小组合作，与同伴交流、分享自己的观点，并能积极参与课堂活动。虽然学生的口语表达尚有不足，但开始有使用英语的思维，能较好地进行合作学习。

三、教学目标

（一）语言知识目标

（1）掌握 can、course、get 的音、形、义，并能在听、说、读中运用它们。

（2）理解和运用以下句型：

Can I…? Of course.

What fruit do you like?

I like… Apples are good for us.

（二）语言技能目标

听懂课堂上的听力材料，并按要求完成任务；流利地朗读对话，并根据提示与同伴编一个新对话。

（三）情感态度目标

明白多吃水果有益于身体健康；在小组活动中与其他同学积极合作。

（四）学习策略目标

在学习中集中注意力，细心聆听，主动思考，掌握听的技巧；积极参与小组学习，乐于与他人合作，共同完成任务。

（五）文化意识目标

在活动中学会与他人交往，做到文明有礼。

四、教学重难点

（1）流利地朗读对话，并根据提示与同伴编一段新对话。

（2）运用所学的词汇和句型，与同伴谈论喜欢的水果。

五、教学策略

（1）创设真实的情境，开展有效的活动，激发学生的学习积极性，丰富学生的知识。

（2）通过游戏、小诗、小组合作等形式，激发学生的学习兴趣，培养学生的综合语言运用能力。

六、教学过程

步骤	教学活动	设计意图	设计原则
Ⅰ. Raising concern（引起关注）	1. Greetings 2. Song：*An Apple a Day Keeps the Doctor Away* 3. Chant： Do you like bananas? Yes, I do. I do, too. One for me and one for you. … 4. Game：Sharp eyes	通过歌曲和小诗引出水果主题和"One for…"句型，让学生提前感知，唤起学生的注意力和兴趣；通过游戏复习水果类词汇，激发学生的学习兴趣	趣味性原则 复现性原则
Ⅱ. Learning（学习新知）	1. T：We are going to have a fruit party. What fruit do you like? Why?	设置 fruit party 的情境	情境性原则 目的性原则
	2. Let's talk —What fruit do you like? —I like… —Apples are good for us.	在情境中学习核心句型"What fruit do you like? I like… Apples are good for us."	

（续上表）

步骤	教学活动	设计意图	设计原则
Ⅱ. Learning（学习新知）	3. T: Let's go to the fruit shop to buy some fruits. Can I have some…? Of course. Let's get… OK.	在情境中学习核心句型"Can I have some…? Of course. Let's get…"和新单词 can、get、course	情境性原则 目的性原则 交际性原则
	4. Watch the video and judge T or F Read after the dialogue	通过对课文的学习，进一步熟悉本节课的语言知识	运用性原则
Ⅲ. Preparing to report（准备发表）	Please practice the dialogue	通过小组合作操练课文，加深学生对课文的记忆，为表演做充分的准备	交际性原则 复现性原则 运用性原则
Ⅳ. Reporting（发表汇报）	1. Please act out the dialogue 2. Please make a new dialogue	在模拟的 fruit market 情境中，让学生表演或改编课中的小对话。通过两人小组合作，共同完成任务，让每一个学生都参与到活动中来	趣味性原则 目的性原则 交际性原则
Homework	1. 抄写 Unit 8 的单词 2. 熟读课文并表演 3. 调查身边朋友和家人喜欢吃哪些水果	让学生把课堂的内容延伸到课后，体现学以致用的原则	

七、板书设计

Unit 8　Apples Are Good for Us

can	What fruit do you like?	I like…
get	…are good for us.	
course	Can I have some…?	Of course.
	Let's get… …for you and…for me.	

（肖丽琼，广州市海珠区赤岗小学）

三年级下册（教科版）Unit 12 "Whose Rabbits Are These?" 教学设计

一、教学内容分析

Module 6 "Pets" 主要谈论宠物，话题贴近学生的日常生活，学生感兴趣并易于接受。学生在 Unit 11 已经学习动物单词 fish、bird、monkey、duck、chicken 以及讨论动物是否存在于某个地方的句型 "Are there any（cats）（in your shop）?"。本节课是 Unit 12 的新授课，将在 Unit 11 的基础上进一步学习更多的动物名称，并讨论动物的所属。教师围绕话题创设情境，激发学生的学习兴趣，并给学生提供运用语言的机会。

二、学生情况分析

学生已学动物单词 fish、bird、monkey、duck、chicken 以及讨论动物是否存在于某个地方的句型，通过创设情境，进一步学习动物名称及谈论其所属："Are they（your rabbits）? Whose rabbits are these?" 针对该难点，通过创设情境、学生合作等教学手段，进行知识操练活动，激发学生获取知识和运用知识的欲望。

三、教学目标

（一）语言知识目标

（1）学习并掌握以下单词：mouse（mice）、pig、horse、whose、these、small、long、tail、very、really。

（2）学习并掌握以下句型：

How many people are there in your/John's family?

There are…

Who are they?

They are my/his father，my/his mother…

So you have a big family.

（3）学习课文。

（二）语言技能目标

（1）在具体的句子语境中学习不同动物的名称，并感知动物名称的单复数知识。

（2）听懂关于动物所属的提问，并用正确的句型回答。

（3）听懂和阅读课文对话，并回答问题。

（三）学习策略目标

单词教学中渗透元音字母或字母组合在单词中的发音，教会学生记忆单词的方法。

（四）情感态度目标

简单地表达对动物的欣赏和喜爱。

（五）文化意识目标

通过本节课的学习，让学生认识更多的动物英文名称，简单地用英语表达对动物的喜爱。

四、教学重难点

（一）教学重点

（1）学习句型：Whose...are these? They are...'s.

（2）听懂并理解课文内容。

（二）教学难点

初步感知名词所有格。

五、教学策略

根据小学英语 RLPR 话题教学模式，采用唱歌、玩游戏、呈现图片、展示玩具等方法，引起学生的关注，激发学生的学习兴趣，培养学生的综合语言运用能力。

六、教学准备

教师准备电脑、课件、玩具等，并提前让学生带两个同样的动物玩具回校。

七、教学评价

以小组为单位进行评价（组长登记）。

八、教学过程

步骤	教学活动	设计意图	设计原则
Ⅰ. Raising concern（引起关注）	1. Sing a song：*Mother Finger*	通过活泼可爱的歌曲，消除师生间的紧张感，活跃课堂气氛，激发学生的学习兴趣，引起学生的关注	趣味性原则 目的性原则 针对性原则 复现性原则 情境性原则
	2. Look and say	教师充分利用一张农场图，提出问题："What animals can you see?"让学生看图回答，迅速引起学生的关注，集中学生的注意力，同时复习已学的动物名称，为新授课做好铺垫	
Ⅱ. Learning（学习新知）	1. 学习单词：these、pig、horse、mouse、mice	根据农场图继续询问学生还看到什么动物，引出并学习新单词 these、 pig、 horse、 mouse（mice），单词教学中渗透元音字母或字母组合在单词中的发音，教会学生记忆单词的方法	目的性原则 针对性原则 指导性原则 情境性原则
	2. Guessing game Whose...are these? They are...'s.	通过猜测游戏，引出并学习句型 "Whose...are these? They are...'s."，让学生初步感知名词所有格形式	趣味性原则 目的性原则 针对性原则 情境性原则
	3. 学习单词：small、long、tail、very	从对图片或玩具的描述中引出并学习新单词：small、long、tail、very	目的性原则 针对性原则 指导性原则 情境性原则
	4. Talk about your toy animals in pairs These...are... They have ... eyes, a ... tail, four...legs They are very cute/lovely/small/strong...	同位操练句型，学会用复数描述自己的玩具并简单表达自己对某些小动物的喜爱	目的性原则 针对性原则 情境性原则 运用性原则

（续上表）

步骤	教学活动	设计意图	设计原则
Ⅱ．Learning（学习新知）	5．Check	通过检查两组学生描述自己的动物玩具的情况，一方面了解学生能否用所给的句型描述动物的情况，另一方面设置真实的语言情境引出并学习单词 really	目的性原则针对性原则情境性原则
Ⅲ．Preparing to report（准备发表）	1．Listen and then answer the questions	让学生带着问题观看"金太阳"教学软件视频，初步感知课文内容，了解课文大意，并回答问题	目的性原则情境性原则针对性原则指导性原则
	2．Say after the video	让学生跟着视频朗读课文，培养学生正确、地道的语感，熟悉并巩固课文	目的性原则针对性原则
	3．Do the role-play	通过男生、女生分角色朗读课文，增加趣味性，进一步巩固课文	目的性原则针对性原则趣味性原则多样性原则
	4．Make a dialogue in pairs	四人小组仿照课文编对话，为汇报做好准备，培养学生的综合语言运用能力	目的性原则针对性原则情境性原则运用性原则
Ⅳ．Reporting（发表汇报）	Report	鼓励学生运用所学的语言描述或谈论小动物，给学生提供语言输出的机会，培养学生的自信心与口语表达能力，提高其综合语言运用能力	
Homework	1．读背 Unit 12 的课文并进行口头改编，用英语向父母描述你的动物玩具或你喜爱的小动物2．在 A 本上抄写 Unit 12 的单词3．在 C 本上听写 Unit 12 的单词	让学生把课堂的内容延伸到课后	复现性原则运用性原则交际性原则

九、板书设计

Module 6　Pets
Unit 12　Whose Rabbits Are These?

whose

these

pig　　　　　These...are...

horse

mouse　　　Are they your...?　　Yes，they are.／No，they aren't.

mice

tail　　　　Whose...are these?　　They are...'s.

very　　small

really　　long

（高小兰，深圳市龙华区教育科学研究院附属小学）

四年级教学设计

四年级上册（人教版）Unit 5 "Dinner's Ready" 教学设计

一、教学内容分析

本单元的主题是用餐。本节课的内容是人教版教材四年级上册 Unit 5 第二课时 Let's talk 和 Let's play 部分，主要学习五个食品新单词：beef、chicken、noodle、soup、vegetable，并运用句型 "What would you like? I'd like some…" 询问和表达用餐意愿。

二、学生情况分析

学生在三年级时已学过 rice、juice、fish、milk、bread 等单词，而在本节课让学生使用已经学过的点餐用语，把 soup、beef、vegetable 等单词应用到句子中，以提高学生的学习积极性。在语言知识储备上，他们具有运用一定的食品名称及形容词、短语等进行表达的能力。

三、教学目标

（一）语言知识和技能目标

掌握单词 beef、chicken、noodle、soup、vegetable 的听、说、认读，并在真实的环境中使用语言；熟练运用句型 "What would you like? I'd like some…"。

（二）学习策略目标

通过一系列活动激活学生的思维，让学生尝试安排饮食搭配并点餐。

（三）情感态度目标

通过本课的单词学习，引导学生学会合理安排自己的饮食。

四、教学重难点

（一）教学重点

掌握单词的听、说、认读，并在具体的语言环境中进行运用。

（二）教学难点

vegetable 的读音。

五、教学策略

（1）利用课件、图片等资源辅助教学，让学生掌握单词的音、形、义、用。

（2）联系实际生活，利用听读、听说方式对学生进行语言输入，使输出效果更佳。

六、教学准备

课件、卡片、单词词条等。

七、教学过程

步骤	教学活动	设计意图	设计原则
Ⅰ. Raising concern（引起关注）	1. Greeting 2. Listen to a story	通过故事激发学生的学习兴趣，并以故事带出 "What would you like?"	趣味性原则 针对性原则
Ⅱ. Learning（学习新知）	1. 呈现本单元的主情境图 2. Sharp eyes：闪现复习已经学过的食品单词	介绍 my restaurant，引入本课的话题：What would you like?	趣味性原则 目的性原则 再现性原则
	3. 引导学生询问教师喜欢的食物，展示餐厅菜单，引入新单词 4. 询问学生想点什么菜，呈现本课的核心语句 "What would you like? I'd like some…, please." 5. Let's find out the price tags 听新单词的读音，让学生根据发音规律找出新单词的拼写与价格 6. 看单词，根据学过的 Phonics 知识自然拼读单词	引导学生根据读音规律发现新单词，激发学生的学习兴趣，再让学生回看单词的拼写而自然拼读出来，培养学生的听力与运用 Phonics 知识拼读新单词的能力	趣味性原则 目的性原则 针对性原则

（续上表）

步骤	教学活动	设计意图	设计原则
Ⅱ．Learning（学习新知）	7．Shooting game 8．Predict the words 9．Read after the tape	先认读单词，再根据单词的呈现规律猜测单词的读音，增强学习的趣味性和学生开口读英语的欲望，最后让学生跟读课文，学习使用正确的语音、语调朗读单词与对话，巩固所学的单词意思及其在句子中的意义	趣味性原则 目的性原则
Ⅲ．Preparing to report（准备发表）	1．Read and guess	猜测单词，让学生在句子中认读单词	运用性原则 情境性原则 趣味性原则
	2．Ask and answer	引导学生将所学的新单词运用到句子中，并按照自己的意愿合理安排膳食	
	3．Make new dialogues	让学生在不同的情境中进行角色扮演，运用所学的语言进行文本再构	
Ⅳ．Reporting（发表汇报）	1．Read，look and write 2．Make a menu（合理配餐活动，师生共同完善食物金字塔）	设计任务型活动，拓展词汇教学，让学生做到词不离句，体验运用语言的成就感	运用性原则 交际性原则
Homework	1．听录音，朗读 2．与同伴一起设计一份合理健康的餐单	引导学生学会合理安排膳食，进一步拓展语用功能	复现性原则 运用性原则 交际性原则

八、板书设计

Unit 5　Dinner's Ready

What would you like?

I'd like some…

（刘钧富，东莞市茶山镇第二小学）

四年级上册（人教版）Unit 5 "Dinner's Ready" 复习课教学设计

一、教学内容分析

本单元的话题是晚餐（dinner），本节课是 Unit 5 的第五课时。Unit 5 的语言重点是询问晚餐饮食喜好的用语以及部分食物单词，内容十分贴近学生的现实生活。本节课的主要学习任务是学生能够运用课本第 46～53 页的课文及单词、句型等内容，用英语说出自己的饮食喜好。三年级上册 Unit 5 "Let's Eat！"中，学生学习过描述饮食的部分用语 "Can I have…？Have…please. Do you like…？"及单词 egg、cake 等。本节课教学将充分利用学生已有的知识和体验，结合已学过的部分餐桌用语、单词等知识，将新旧知识整合在一起，丰富教学内容，提高学生运用语言的能力，培养学生学习英语的语言能力、文化意识、思维品质和学习能力，即学科核心素养。

二、学生情况分析

四年级学生学习兴趣浓厚，探究知识的欲望强烈，思维活跃，爱表现。教师在日常教学中渗透与锻炼学生对单词和句型进行理解运用的能力。在语言知识储备上，他们具有运用一定的餐桌用语和部分食物单词进行表达的能力。

三、教学目标

（一）语言知识目标

（1）掌握和运用"四会"单词：beef、chicken、noodle、soup、vegetable、chopstick、bowl、fork、knife、spoon。

（2）掌握和运用"三会"单词及短语：dinner、ready、pass、try、help yourself。

（3）理解以下句型：

What would you like for dinner？I'd like…

Would you like…？Yes，please.

（4）用本单元的语言知识进行模拟点餐。

（二）语言技能目标

（1）通过场景转换，运用需要掌握的语言知识。

（2）运用本课所学的句型：

What would you like for dinner? I'd like…

Would you like…? Yes, please.

（3）根据不同的情境补全完成对话。

（4）将新旧知识相结合，开展模拟对话。

（三）学习策略目标

（1）运用思维导图进行单词归类和单词发散。

（2）联系实际生活，深入理解本单元的主题。

（3）在英语会话中正确理解并运用所学的知识。

（四）情感态度目标

（1）通过本节课的学习，积极参与课堂教学活动和与他人开展口语交际，增强学习英语的兴趣和自信心。

（2）通过完成课堂的学习任务，懂得尊重他人的饮食文化，并养成餐前洗手的好习惯。

（五）文化意识目标

通过谈论各国美食，进行模拟点餐，了解各国美食文化，进行文化交流，懂得尊重他人的饮食文化。

四、教学重难点

（1）在不同的场景中理解并运用句型：

What would you like for dinner? I'd like…

Would you like…? Yes, please.

（2）滚动旧知，运用新知。

（3）将语言知识运用于模拟的情境中，尝试点餐对话。

（4）语言知识在不同场景中的理解和运用。

五、教学策略

（1）利用思维导图，引导学生养成单词归类和单词发散的思维意识。

（2）联系实际生活，利用听读方式对学生进行语言输入，使所学的内容生活化、情境化。

（3）通过课堂活动，让学生体验到学习英语的乐趣和运用语言的成就感。

六、教学准备

课件、卡片等。

七、教学过程

步骤	教学活动	设计意图	设计原则
Ⅰ．Raising concern （引起关注）	1. Free talk 2. Let's chant	师生交流互动，让学生轻松愉快地进入课堂学习，朗读小诗是复习学过的食物单词，为后面的教学做铺垫	趣味性原则 目的性原则 针对性原则 复现性原则
Ⅱ．Learning （学习新知）	1. 与学生谈论日常晚餐的食物选择，复习 Unit 5 所学的单词和句型 2. 引导学生使用思维导图对学过的单词进行分类，培养和发展学生的思维 3. 学习几个直译单词：jiaozi、baozi 4. 引出中国菜	创设情境，以句带词，在语境中复习词汇，运用词句。再对学生头脑风暴产生的单词进行分类，结合日常生活，归类日常饮食中的中国菜，训练学生的英语思维	情境性原则 运用性原则
	5. 出示西餐图片，运用图片感知引出西餐的概念，进行单词归类、思维训练 6. 引导学生谈论在西餐中会选择的食物，进一步巩固复习和操练本课单词与句型 7. 在情境中让学生选择使用的餐具	让学生在图片中感知中外美食的不同，通过不同的情境，进一步操练、运用句型，并训练学生分类的思维能力，在情境中进行文化交流	思维性原则 目的性原则 情境性原则
Ⅲ．Preparing to report （准备发表）	1. 播放各国美食视频，引起学生关注	播放各国美食视频，进行文化交流。通过视频激发学生的学习关注度，提高他们的求知欲，意图培养学生的文化意识	情境性原则 趣味性原则 运用性原则
	2. 模拟进入美式餐厅，综合运用关于点餐、价格、所使用的餐具等的用语	综合运用本课所学的单词、句型	
	3. 模拟进入日本餐厅，综合运用关于点餐、价格、所使用的餐具等的用语	综合运用本课所学的单词、句型，并将知识进一步迁移至其他情境	
	4. 模拟进入印度餐厅，进行文本阅读，在文中找出关于印度餐厅所使用的餐具的用语	进行阅读理解，拓展各国饮食文化知识	

（续上表）

步骤	教学活动	设计意图	设计原则
Ⅳ．Reporting（发表汇报）	学生根据以上场景进行对话汇报	学生展示、分享自己的写作成果，使所学的内容情境化，并在课堂中体验学习英语的乐趣和运用语言的成就感	运用性原则交际性原则
Homework	Go to a western restaurant（西餐厅）or an Indian restaurant（印度餐厅）to have a big dinner with your parents	在实践中进一步运用所学的知识	复现性原则运用性原则交际性原则

（何洁聪，广州市天河区侨乐小学）

四年级上册（人教版）Unit 6 "Meet My Family!" 教学设计

一、教学内容分析

人教版教材四年级上册 Unit 6 的内容主要围绕家庭成员展开，通过学习，学生要学会介绍自己的家庭和描述自己的家庭成员等。学习内容贴近学生的生活，教师在教学中易于创设情境，学生也会比较感兴趣。本节课教学内容为 "How many people are there in your family?" 和回答，以及用 "My family has…people." 描述自己的家庭成员。教师创设真实生动的情境，使学生能够灵活地使用句型询问家庭成员的数量和描述自己的家庭成员，培养和提高学生在真实情境中恰当运用语言的能力。

二、学生情况分析

本节课的授课对象是四年级学生，学生在三年级开始学习开心版英语教材，四年级开始使用人教版英语教材，虽然使用本教材才一个多月，但学生已经有一年的英语学习经验并且对家庭成员有一定的认识。本节课的教学设计强调从学生的学习兴趣出发，采用小组合作的学习方式，课堂评价贯穿始终，让学生在小组活动中通过唱、做、写、说、演等多种手段学习和使用英语，完成学习任务，培养综合语言运用能力。

三、教学目标

（一）语言知识目标

（1）学习运用句型"How many people are there in your family?"并回答；运用"My family has…people."描述自己的家庭成员。

（2）学习如何在真实情境中谈论家庭成员的数量和描述家庭成员，进行日常交流并学习单词和短语 cousin、aunt、parent、people、but、little、puppy、baby brother。

（3）培养和提高在真实情境中运用语言的能力。

（二）语言技能目标

（1）听懂、会说本课对话，并能在实际情境中运用。

（2）听、说、认读本课的主要句型，会用所学的句型询问家庭成员的数量并做出正确回答，用英语简单介绍自己的家庭成员。

（三）学习策略目标

（1）模仿、小组合作进行话题对话。

（2）学会合作学习。

（3）学会根据知识迁移找出规律，学习单词。

（4）通过小组合作共同完成各种不同形式的活动，鼓励学生充分感知、理解和运用句型。

①学会运用句型"How many people are there in your family?"并回答。

②学会运用句型"My family has…people."描述自己的家庭成员，培养和提高学生在真实情境中运用语言的能力。

（四）情感态度目标

（1）通过丰富有趣的活动，让学生体会到学习英语的乐趣，并感受在日常生活中如何运用英语、如何用英语准确表达。

（2）德育方面，渗透爱的教育，教育学生要关心爱护自己的每一个家庭成员，培养学生乐于与他人交往的良好品质。

（五）文化意识目标

了解英语国家的一些称谓方式，使学生乐于接触并了解异国文化，保持学习英语的愿望和兴趣，培养良好的性格和热爱生活的品质。

四、教学重难点

（一）教学重点

运用句型"How many people are there in your family?"并回答；运用句型"My family has…people."描述自己的家庭成员。

（二）教学难点

在真实情境中正确使用所学的句型进行交际。

五、教学策略

（1）运用 RLPR 话题教学模式，以话题贯穿课堂，通过小语篇学习课文知识，使教学情境化。

（2）充分利用图片、歌曲、游戏等资源进行词汇和句型的教学，寓教于乐，优化课堂教学。

（3）联系实际生活，利用听读方式对学生进行语言输入。

（4）通过课堂活动，让学生体验到学习英语的乐趣和运用语言的成就感。

（5）通过教师的不同评价方式，提高学生的学习兴趣和积极性。

六、教学准备

课件、单词卡、教学图片等。

七、教学过程

步骤	教学活动	设计意图	设计原则
Ⅰ. Raising concern（引起关注）	1. Greeting & sharp eyes（please say out the numbers） 2. Sing a song *Father Family*, present more family members：father, mother, brother, sister, baby 3. Elicit topic： Unit 6 Meet My Family！	1. 异地教学，对任课教师本身来说是一种引起学生关注的方式，教师在介绍自己后迅速让学生介绍自己，通过提问引起关注 2. 通过学生喜爱的歌曲引起关注、调动学生的积极性，引出本节课有关家庭成员的主题，为下一步学习新知做好充分的准备，并通过替换歌词自然引出有关家庭成员的单词，达到整体呈现的效果 3. 呈现课题，让学生清楚知道本节课的学习主题及重点就是谈论家庭成员的相关信息	目的性原则 趣味性原则 直观性原则

（续上表）

步骤	教学活动	设计意图	设计原则
Ⅱ．Learning（学习新知）	1．Set scene：present 3 family pictures（Chen Jie，Wu Yifan，Amy），they are talking about family，and match the right picture by the given information 2．Stress on Chen Jie's family and teach："How many people are there in your family？" （1）Present and teach："How many people are there in your family？" （2）Teach：people，parents （3）Practice	1．设置情境，Chen Jie、Wu Yifan、Amy 等小朋友周末聚会谈论家庭成员的信息，紧贴本课的话题开展对话，让学生在整体语篇中学习有关家庭的各种信息 2．通过 Chen Jie 的家庭照引出第一部分的信息，并学习语篇中出现的新单词，达到在句中学的目的，不脱离语境，让学生更容易理解	趣味性原则情境性原则目的性原则
	3．Stress on Wu Yifan's family and teach new words and phrase：aunt，cousin，baby brother （1）Present a family tree and lead pictures to understand more relationships in a family （2）Teach new words and phrase：aunt，cousin，baby brother （3）Games to consolidate the new words	1．通过 Wu Yifan 的家庭照，学习更多有关家庭成员的单词和短语，在语篇中自然引出单词和短语 2．使用家庭树作为思维导图，让学生更清晰地了解家庭成员的关系 3．通过有趣的游戏让学生巩固所学的单词	趣味性原则运用性原则目的性原则指导性原则
	4．Teach："My family has six people."	通过 Amy 的家庭照，学习本文重难点句子："My family has six people."通过整体呈现，让学生更好地理解句子	目的性原则针对性原则
	5．Let's talk （1）Listen and discuss why Amy's family has six people （2）Read and practice （3）Fill in blanks and read out the dialogue	1．先通过文本与配图猜测对话内容，再通过观看对话视频检测学生的理解能力，从而体现学生在语篇中的理解水平 2．让学生看着挖空的句子读课文，降低难度，让大部分学生能主动开口课文	指导性原则理解性原则

（续上表）

步骤	教学活动	设计意图	设计原则
Ⅲ．Preparing to report （准备发表）	1. Present teacher's family picture and introduce the family 2. Follow the example and try to talk about their family by their pictures	通过呈现教师的家庭照，引起学生的兴趣，并指导学生模仿例子进行小组交流、讨论，为汇报做准备	针对性原则 目的性原则 情境性原则
Ⅳ．Reporting （发表汇报）	Report	通过汇报，可运用本节课所学的知识	运用性原则
Homework	1. Read the dialogue 2. Talk about your family	学生通过课外作业，进一步巩固与运用谈论家庭成员的各种句式，并能将其运用到实际中去，从而培养与提高综合语言运用能力	目的性原则

八、板书设计

Unit 6　Meet My Family！
Let's talk

How many people are there in your family?

_____.

My family has
_____people.

My family tree ➡

people
dad+mum=parents
aunt
cousin
baby brother
but
little
puppy

Group1　Group2

（郭锦萍，广州市海珠区江南新村第一小学）

四年级上册（教科版）Module 2 "My House" 绘本阅读课教学设计

一、教学内容分析

故事"I Want to Move"选自北京师范大学出版社《攀登英语阅读系列》第 3 级。故事主要讲述小白兔汤姆不满足于生活在地洞里，想搬家，于是他离开了和爸爸、妈妈一起生活的地洞，开始寻找新家。通过故事中汤姆的表达，学生反复接触"I want to…"这一句式，自然而然地学会用英语表达自己的意愿。小白兔不断寻找"新家"的过程将启发学生去感知和体会"家"对于自己成长的意义，并体会小白兔这段心灵成长的过程。

二、学生情况分析

本节课的教学对象是四年级学生，由于笔者新接手这个班级，发现学生的英语基础不够扎实，英语阅读能力也不强，但是思维比较活跃，对于小白兔想搬家这个话题有浓厚的兴趣。本故事对于学生而言并不难理解，如何帮助学生抓住故事主线，在多层次、多角度、开放性的问题驱动下展开对比、猜测等活动，引导学生体验感知故事情节，不断通过故事文本展开互动和对话是教学的挑战。学生的批判性思维能力不够，需要对文本进行更深层次的分析、探究、反思、质疑和评价。

三、教学目标

（一）语言知识目标

运用 Phonics 知识，与同伴合作学习新单词、短语及句型：burrow、move、take care of、yourself、come back、leave、anytime、see、fun、spider、web、cool、can't、get late、grasshopper、grass、miss、go home、sweetie、It's great to do…。

（二）语言技能目标

（1）用"I want to live in…"表达自己的意愿。

（2）用"It's fun to live in…/It's great to live in…/I don't like living in…"表达对居住地的评价。

（3）用"I can…/I can't…"对居住地生存环境作出优劣评论。

（三）学习策略目标

（1）运用 Phonics 知识学习本课单词的读音。

（2）谈论故事封面，猜测故事内容。

（3）读懂配图故事，说出其大意，如人物、事件的情节发展，推测结局。

（4）根据故事内容框架创编相似的故事。

（四）情感态度目标

（1）通过揣测主人公心理，表达对故事的不同看法，逐渐养成爱思考、敢质疑的思维习惯。

（2）通过观察和理解，评论和评价居住地。

（3）通过创编故事等活动展开想象，感受故事学习的乐趣。

（五）文化意识目标

在寻找"新家"的过程中，感知和体会"家"对于自己成长的意义。

四、教学重难点

（一）教学重点

（1）读懂并理解故事大意。

（2）在图片的引导下用自己的语言预测故事的发展。

（二）教学难点

（1）在理解故事的基础上，用自己的语言对故事和主人公内心活动进行揣测，并对故事提出自己的看法。

（2）在限定故事开头和结局的条件下改编故事。

五、教学策略

（1）教师通过情境体验、图片浏览、问题讨论、音频辅助、道具演示、表演等方式为学生创设轻松有趣的学习氛围。

（2）培养学生的阅读策略。

①激活与书名有关的背景知识。

②带着问题阅读，在阅读中寻找答案。

③根据图片或上下文猜测词义。

④根据故事情节推测故事的结局。

（3）培养学生的逻辑推理能力和批判性思维能力。

六、教学准备

单词卡片、课件、头饰和道具。

七、教学过程

步骤	教学活动	设计意图	设计原则
Ⅰ. Raising concern（引起关注）	Before reading 1. Warm up and learn the new words 2. Talk about the children's home and their dream house	引入"My House"的主题内容，学生口头描述自己的家和梦想的家，以旧引新，创设话题情境：the rabbit wants to move in a new house	趣味性原则 目的性原则 针对性原则 复现性原则
Ⅱ. Learning（学习新知）	1. Please learn the new words with Phonics in groups 2. Please make a new passage with the new words, and make them into wordmap	鼓励学生利用已学的 Phonics 知识进行小组竞赛，快乐拼读单词和短语，配合单词的中文意思理解单词，这与教材学习相适应。然后通过新单词构建单词知识网，鼓励学生运用已有的语言知识把新单词串联成一段容易理解的话，一方面能记忆单词的读音和意思，另一方面能提高学生的综合语言运用能力	趣味性原则 目的性原则
	Guess the information with the book cover（了解封面以及猜测故事人物和故事情节） 1. 出示封面，了解书名、作者和绘画者 T：What's the title? Who is the writer? What about the painter? 2. 介绍主人公 Tom，预测故事 T：What is Tom? Where does he live? How does Tom think of the burrow? T：Does he like the burrow? What will he do? Are Tom's father and mother happy? Why?	通过引导学生关注绘本的书名、作者、绘画者等信息，让学生获取有关这本书的文本知识；通过关注封面和扉页上的主人公，让学生预测故事情节，培养学生读前预测的阅读能力，激发学生的阅读兴趣	趣味性原则 目的性原则 情境性原则

（续上表）

步骤	教学活动	设计意图	设计原则
Ⅱ．Learning（学习新知）	While-reading（故事教学） 1．了解故事发生的背景和主人公将会遇到的问题（绘本第2页） 2．自主阅读，探究答案 Now please read page 6 to page 14，find out the places he wants to live（完成 Task 1） 3．了解小白兔想搬家的具体细节，检查答案（板书：Solution） 4．呈现故事结尾 呈现第15页的图片，预测情节发展，询问天气情况，让学生猜猜小白兔能到哪里去、他的感受怎样 5．总结故事中小白兔找到的几个地方	通过自主阅读与提问，培养学生的观察力和想象力；通过图片、视频、音频等，引导学生理解故事的主要内容和主要词汇的意思；通过引导学生讨论猜测，回答问题，鼓励学生参与课堂	目的性原则 针对性原则 运用性原则
	1．让学生利用板书上的流程图复述并总结故事 2．学生跟着录音一起读故事 3．根据黑板上的故事主线，复述故事	利用流程图进行复述，培养学生归纳总结故事信息的能力；通过跟读故事，让学生把声音和词性联系起来；复述故事，进一步内化语言	趣味性原则 目的性原则
Ⅲ．Preparing to report（准备发表）	1．Read and act 学生表演部分或全部故事	读演结合，加上有感染力的语言、姿势和表情，让语言表演更具生命力	情境性原则 趣味性原则 运用性原则
	2．Think and talk 学生讨论并回答：What is the best place to live in? What do you think of your home?	培养学生的逻辑推理能力和批判性思维能力	
	3．How to make your home be more beautiful and useful? 让孩子设计自己的家：怎样做才能让自己的家更美、更舒适？	通过引导学生谈论自己的家，激发学生的想象力	

（续上表）

步骤	教学活动	设计意图	设计原则
Ⅳ. Reporting（发表汇报）	在限定故事开头和结局的条件下改编故事	培养学生的逻辑推理能力、批判性思维能力和综合语言运用能力	运用性原则交际性原则
Homework	1. 熟读故事2. 续编一个故事情节	培养学生的语感，提高语言的流畅性，在创编和改编中培养学生的创造性思维	复现性原则运用性原则交际性原则

八、板书设计

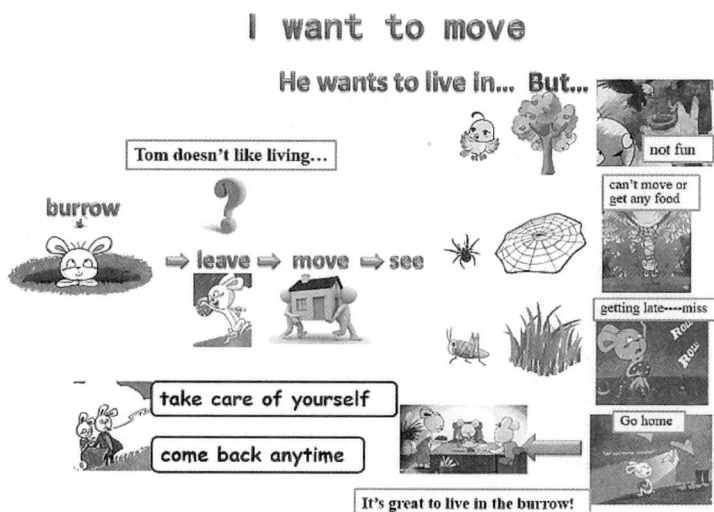

（曾嘉敏，广州市番禺区旧水坑小学）

四年级上册（教科版）Unit 11 "I Want to Be a Painter"
第一课时教学设计

一、教学内容分析

本节课是 Module 6 "Occupations" Unit 11 "I Want to Be a Painter" 的第一课时，主要询问某个人长大后的理想职业，描述职业内涵。本节课主要先突破未来职业的询问方法及正确的回答，再学习四种职业的名称及对这四种职业的内涵的描述。

二、学生情况分析

本模块的主题是"Occupations",其在旧知识中少有涉及,学生对这方面的知识比较陌生。Unit 11 的课文属于结构型课文,句式多重复,单词多为同类。其中,关键句型"I like to.../I want to.../I love...very much."在三年级教材中出现过,学生对此类句型有一定的英语知识积累。因此,通过小组竞争的课堂活动及恰当的评价机制,容易激发和引导学生自主学习。

三、教学目标

(一) 语言知识目标

(1) 理解并准确认读以下单词:when、sick、builder、build、doctor、policeman、reporter、news。

(2) 理解并准确认读以下职业功能词组:build good houses for people、help sick people、help people、get news for people。

(3) 理解并准确认读以下句型:

What do you want to be when you grow up?

I want to be…

I love…very much.

I want to…

I like to…

(二) 语言技能目标

(1) 准确使用所学的单词。

(2) 熟练运用本课的句型提问并正确回答。

(3) 根据指令做出相应的动作。

(4) 正确描述职业。

(三) 学习策略目标

(1) 积极主动地与他人合作,共同完成学习任务。

(2) 积极运用所学的知识进行表达和交流。

(四) 情感态度目标

通过对职业的学习,培养学生对职业的认同感。

四、教学重难点

(一) 教学重点

(1) 熟练掌握新单词。

（2）询问和回答长大后的理想职业，并阐述原因。

（二）教学难点

（1）职业名词的运用。

（2）表述理想职业并阐述原因。

五、教学策略

在情境下进行任务型教学。

六、教学准备

课件、板书。

七、教学过程

步骤	教学活动	设计意图	设计原则
Ⅰ. Raising concern（引起关注）	1. Free talk 2. Sing a song：*I Want to Be* 3. Talk about occupations	师生交流互动，让学生轻松进入课堂学习，通过"Sing a song"和"Talk about occupations"让学生初步感知职业	趣味性原则 目的性原则
Ⅱ. Learning（学习新知）	1. Present "Happy town"	通过情境设计，为之后的任务学习做铺垫	趣味性原则 目的性原则 情境性原则
	2. Task 1：Do you know them? （1）Learn the occupations and describe the occupations （2）Learn the new words by an interview Can you match? （3）Let's chant （4）Let's read	通过对职业的学习，让学生明白四种职业的内涵	
	3. Task 2：Try to be them （1）Let's sing （2）Listen and do （3）Do and guess	通过听音做动作、看词做动作并猜测和创编歌曲，让学生体验职业	趣味性原则 目的性原则 针对性原则 运用性原则

（续上表）

步骤	教学活动	设计意图	设计原则
Ⅲ．Preparing to report（准备发表）	Task 3：Talk about dream job （1）Survey around the class （2）Report	通过调查，让学生进一步运用语言，为故事做铺垫	情境性原则 运用性原则 交际性原则
Ⅳ．Reporting（发表汇报）	Task 4：Make a crazy story （1）Choose a word or phrase （2）Make a story	通过有趣的形式形成文本，并让学生自己讲故事	趣味性原则 运用性原则 交际性原则
Homework	1．Listen and read at page 62 2．Tell what you want to be when you grow up to your parents in English 3．Finish "My Dream Job"	让学生巩固所学的内容，并将其延伸到课后，为下一节课做铺垫	复现性原则 运用性原则 交际性原则

八、板书设计

Unit 11　I Want to Be a Painter

What do you want to be when you grow up？

policeman
help people

doctor
help sick people

I want to be a/an...

builder
build good houses for people

reporter
get news for people

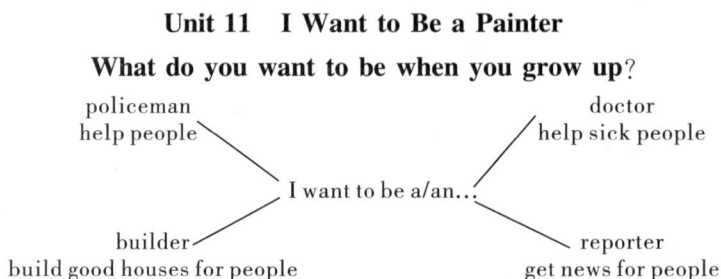

（陈巧敏，湛江市第三十二小学；龚文海，佛山市顺德区聚贤小学；林成永，湛江市湖光中心小学；杨丽加，汕头市南澳县后宅镇中心小学）

四年级上册（教科版）Module 6　"Occupations" 复习课教学设计

一、教学内容分析

本节课为教科版四年级上册 Module 6 "Occupations" 复习课。"职业" 是日常生活中常会讨论的话题，学生对该话题比较感兴趣，也比较熟悉。该话题含有各种职业的名称与功能、父母的职业情况以及自己长大后的理想职业。因此，笔者希望重构文本，引导学生把所学的知识综合运用到语言交际中。

二、学生情况分析

四年级学生具有活泼好动、好奇心强、表现欲强等性格特点。他们在二年级已经接触了一部分职业单词，有一定的基础。本节课坚持由词到句再到篇的原则，逐层递进，通过小组竞赛、同桌合作、小组合作等形式来促进他们多听多读、多说多写。

三、教学目标

（一）语言知识目标

（1）复习并能运用下列职业名词及动词词组。

职业名词：cook、painter、nurse、writer、builder、doctor、policeman、farmer、reporter、driver、factory worker。

动词词组：build houses、help sick people、tell people stories、cook nice food、get news for people、drive school bus、grow foods、make machines、help children learn。

（2）复习并能运用下面的句子。

A：What do you want to be when you grow up?

B：I want to be a…

A：Why?

B：I like/want to…

A：What's the man's/lady's job?

B：He/she is a…

（二）语言技能目标

（1）听懂询问他人长大后想从事什么职业的句型。

（2）说出本单元有关职业的英文名称，以及使用句型"What's the man's/lady's job? What do you want to be…?"进行交流。

（3）运用所学的知识描述 my dream job。

（三）情感态度目标

学生在谈论与描述 my dream job 的过程中形成对自己未来职业的认识及计划。

（四）学习策略目标

学生利用归类记忆法来记忆单词。

四、教学重难点

（一）教学重点

（1）用英语表达自己的 dream job 及其原因。

（2）回答问题：What's the man's/lady's job?

（3）描述 my dream job。

（二）教学难点

（1）理解及运用"四会"词组，能用"I like/want to + 动词词组"表达喜欢某工作的原因。

（2）用英语来询问他人长大后想从事的工作及其原因。

（3）简单谈论和描述自己的 dream job。

五、教学策略

（1）创设真实情境，开展有效的活动，激发学生的学习积极性，丰富学生的知识。

（2）通过组织小组合作，提高学生的综合语言运用能力。

六、教学准备

课件、教具、worksheet。

七、教学过程

步骤	教学活动	设计意图	设计原则
Ⅰ．Raising concern（引起关注）	1. Let's sing: *I Want to Be* 2. Free talk	通过歌曲进行热身，配上 TPR 教学，激发学生的学习兴趣，集中学生的注意力，营造和谐欢乐的课堂氛围，同时通过歌曲复习二年级所学的职业单词和句型	趣味性原则 目的性原则 针对性原则 复现性原则
Ⅱ．Learning（学习新知）	1. Let's talk What do you want to be when you grow up? I want to be…	学生通过提供的职业词汇、词组进行对话，复习学过的句型，为后面的学习做铺垫	趣味性原则 目的性原则 针对性原则

（续上表）

步骤	教学活动	设计意图	设计原则
Ⅱ．Learning（学习新知）	2．Let's read and find the rule（齐读并归类）	让大部分学生能开口说。通过体验"找规律"，让学生发现在记忆单词过程中可以用归类记忆法，初步体验英语构词法	趣味性原则 目的性原则
	3．Listen and guess（猜职业）What's the man's/lady's job? He/She is...	通过看图及听录音描述猜职业，从视、听两个方面刺激学生，激发学习热情，训练学生的听说能力	目的性原则 针对性原则 趣味性原则
	4．Look and match（把职业和对应的工作职能连线）	通过连线练习，强化学生对各职业主要功能的记忆，为后面的写作做铺垫	趣味性原则 目的性原则
Ⅲ．Preparing to report（准备发表）	1．Let's watch a video and then talk about your dream jobs（看视频，让学生调查同学未来的理想职业及其原因）A：What do you want to be when you grow up? B：I want to be a... A：Why? B：I like/want to...	通过观看视频 My Dream，激发学生调查同学未来理想职业的热情。引导其用句子"What do you want to be when you grow up?"来询问组员	目的性原则 针对性原则 运用性原则 趣味性原则
	2．Finish writing："My Dream Job" Hi, I'm... When I grow up, I want to be a... I like/want to...	通过描述 dream job 训练学生的写作能力	情境性原则 趣味性原则 运用性原则
Ⅳ．Reporting（发表汇报）	Tell your dream job to the whole class	通过描述 dream job 训练学生说的能力	运用性原则 交际性原则
Homework	1．Make a poster 2．Introduce your dream job to your parents	课堂上学生已对自己理想的职业进行了口头描述，回家后将其写出来并做成手抄报，巩固所学的知识	趣味性原则 复现性原则 运用性原则 交际性原则

八、板书设计

Module 6　　Occupations

Revision

My Dream Job

Hi，I'm…

When I grow up，I want to be a…

I like/want to…

（廖惠蕾，广州市海珠区赤岗小学）

四年级下册（教科版）Module 1 "People" 复习课教学设计

一、教学内容分析

本节课的课型为复习课，复习四年级下册 Module 1 "People"，复习内容包含职业、外貌、性格特征。因为是复习课，所以在教学设计上采取资源整合的方式，联系学生在三年级学过的描述人物特征的词汇和本册 Unit 8 的相关知识，通过整合，引导学生灵活运用本模块的内容。

二、学生情况分析

本节课的教学对象是四年级学生，他们已经有了一定的基础，已经认识了有关职业、外貌、性格特征等的词汇，考虑到学生的年龄特点，复习采用由词到句再到篇、逐层递进的教学原则。通过游戏、活动、小组竞赛等形式，让学生乐于开口说英语，积极参与各教学活动，达到运用英语进行交际的目的。

三、教学目标

（一）语言知识目标

（1）掌握 Module 1 的单词。

（2）掌握下面的句型：

He/She looks like…

He/She is a...with...in...

He/She has...

He/She is very...

What does he/she look like?

（二）语言技能目标

（1）熟练运用 Module 1 的单词。

（2）熟练运用课本要求的句型进行交谈。

（3）运用所学的知识完成相应的练习，如阅读、简单写作。

（三）学习策略目标

（1）引入学生熟悉的动画里的人物，激发学生的学习兴趣。

（2）让学生通过参与课堂各种活动，提高语言交际能力。

（四）情感态度目标

培养学生的小组合作意识，学会与人交往。

四、教学重难点

（1）熟练运用 Module 1 的单词。

（2）熟练运用课本要求的句型进行交谈。

（3）运用所学的知识完成相应的练习，如阅读、简单写作。

五、教学策略

（1）通过学生熟悉的动画里的人物，开展有效的教学活动，激发学生的学习积极性，丰富学生的知识。

（2）通过听、说、写，提高学生的综合语言运用能力。

六、教学准备

课件、苹果、电脑。

七、教学过程

步骤	教学活动	设计意图	设计原则
Ⅰ. Raising concern （引起关注）	1. Free talk 2. 设立评比台 3. 猜 Judy	通过师生问候，激发兴趣，复习旧知，引出本节课的复习内容	趣味性原则 复现性原则

（续上表）

步骤	教学活动	设计意图	设计原则
Ⅱ．Learning（学习新知）	1. 看图，描述人物特征。复习句型： He/She looks like… He/She is a…with…in… He/She is a teacher. He/She looks like a …teacher. He/She has… He/She is very… What does he/she look like?	通过观察图片，唤起学生对知识的回忆，同时为进一步复习句型做铺垫	情境性原则 目的性原则
	2. Look and say	通过图文结合，引导学生体验、感知语言，同时为后面的小练笔做铺垫	趣味性原则 目的性原则 针对性原则
	3. 阅读短文	以阅读短文的形式，检测学生的综合语言运用能力	目的性原则 针对性原则 运用性原则
Ⅲ．Preparing to report（准备发表）	Group work	1. 通过小组活动，创设说英语的平台，为后面的写作做准备 2. 采用逐层递进的教学原则，由写单词到写句子，激发学生的写作欲望	情境性原则 趣味性原则 运用性原则
Ⅳ．Reporting（发表汇报）	小练笔： 1. 教师给出提示让学生写作 2. 教师评价学生作品	检测学生对所学知识的掌握程度	运用性原则 交际性原则
Homework	1. 听读课文：Unit 1、Unit 2（家长签名） 2. 默写 Unit 1、Unit 2 的单词（家长签名） 3. 小练笔：用学过的句型描述自己的家人或好朋友，不少于 5 句话		复现性原则 运用性原则

（曾小强，肇庆市封开县渔涝镇中心小学；罗凤琼，清远市清新区浸潭镇大湾岗小学；何慧荣，佛山市顺德区勒流众涌小学）

四年级下册（教科版）Unit 9 "It Looks Fun" Let's talk 教学设计

一、教学内容分析

本节课是 Module 5 "Sports" Unit 9 "It Looks Fun" 的第二课时，主要是课文对话学习。课文对话内容不长，主要以问答人物正在做什么为主，学生能准确运用到实际交际中。本节课通过创设情境，给学生充分的空间，发挥学生的想象力，帮助学生理解学习内容，提高学生的综合语言运用能力。

二、学生情况分析

四年级学生经过三年的英语学习，养成了良好的学习习惯，积累了一定的英语知识，掌握了一定的语言技能。学生在第一课时中虽然已学过关于运动的新单词，但在本节课有必要继续复习巩固。学生对运动单词都比较感兴趣，教师可以让学生在做中学、在学中做，通过创设情境，给学生充分的空间，发挥学生的想象力，帮助学生理解学习内容，提高学生的语言能力，让学生在实际情境中运用英语。

三、教学目标

（一）语言知识目标

（1）听说以下单词和词组并知道它们的意义。

单词：basketball、kung fu、fun、think、try。

词组：play basketball、do kung fu。

（2）用 "What are they doing? They're…" 句型与他人交流正在做什么。

（3）用日常用语 "It looks fun. I think…" 进行表达。

（二）语言技能目标

（1）理解并朗读课文对话，用对话词条进行简单的替换问答。

（2）用所学的内容谈论人物正在做什么。

（三）情感态度目标

（1）通过多种形式的学习活动，培养学生的学习兴趣，增强其学习英语的自信心。

（2）通过小组活动，培养学生的合作互助精神。

（四）学习策略目标

（1）在学习过程中集中注意力，细心聆听，主动思考。

（2）熟练得体地运用所学的语言进行交流。

四、教学重难点

（一）教学重点
句型和课文的学习与实际运用。

（二）教学难点
句型"Some of the…are…"的学习。

五、教学策略

（1）利用课件辅助教学，让学生掌握单词的音、形、义和句型的运用。

（2）联系实际生活，利用听读方式对学生进行语言输入，使所学的内容生活化、情境化。

（3）通过课堂活动，让学生体验到学习英语的乐趣和运用语言的成就感。

六、教学准备

图片、课件等。

七、教学过程

步骤	教学活动	设计意图	设计原则
Ⅰ．Raising concern（引起关注）	1．Greeting 2．Let's chant	通过问候和小诗，给学生营造轻松愉快的学习气氛，同时为学习新知做铺垫	趣味性原则 目的性原则 针对性原则 复现性原则
Ⅱ．Learning（学习新知）	1．Guessing game（看轮廓图猜猜图中的人物在干什么），引出句型"What are the children doing? I think they are…It looks fun."并学习新单词和短语：think、fun、try、play basketball、do kung fu	学生在真实的情境中学习句型"What are the children doing? I think they are …It looks fun."	趣味性原则 目的性原则 情境性原则

（续上表）

步骤	教学活动	设计意图	设计原则
Ⅱ. Learning（学习新知）	2. Let's talk （1）Look at the picture and talk about it： Where are the children? What are they doing? （2）Listen to the dialogue and answer the questions （3）Practice "Some of the… are…" and watch the video （4）Read after the dialogue	通过课文的图片，让学生对学习内容有初步的了解。然后通过听课文，锻炼学生获取重要信息的能力，并且在课文情境中理解和运用 "Some of the… are…"	趣味性原则 目的性原则 情境性原则
Ⅲ. Preparing to report（准备发表）	1. Pupils practice reading the dialogue in small groups and act in roles 2. Try to retell the dialogue	通过同位练习、小组合作练习和分角色读课文，加深学生对课文内容的理解和记忆，为后面的表演做准备	复现性原则 运用性原则 交际性原则
Ⅳ. Reporting（发表汇报）	Pupils act out the dialogue	学生在情境中表演对话	目的性原则 交际性原则 趣味性原则
Homework	1. Copy the new words 2. Recite the dialogue	让学生把课堂的内容延伸到课后，在课堂口语连贯表达的基础上，过渡到写作	复现性原则

八、板书设计

Module 5　Sports
Unit 9　It Looks Fun

think	What are the children doing?
fun	Some of the children are playing football and basketball.
play basketball	Some of them are doing kung fu.
do kung fu	It looks fun.
try	I want to go and try it with them.

（黄丽君，广州市海珠区赤岗小学）

四年级上册 （《开心学英语》广东版）
Unit 5 "My Body" 教学设计

一、教学内容分析

本节课的教学内容为广东人民出版社出版的《开心学英语》四年级上册 Unit 5 "My Body" 中的 Sounds and words 部分，是一节语音课，要求学生能够听懂、会说、会读 ch/tʃ/和例词 touch、peach、teach、lunch、March、watch。

二、学生情况分析

本节课的授课对象为四年级学生。四年级学生具备了一定的英语基础知识和听说读写能力，活泼好动，模仿能力强，对游戏、歌曲、故事等特别感兴趣。同时，学生对英语学习有着较浓厚的兴趣，喜欢表达自己的观点，也具备初步的自主、合作、探究能力。本节课的重点是启发学生通过仔细读单词，自己总结出字母组合 ch 的发音规律，获得成就感，进而提升自主学习英语的能力。

三、教学目标

（一）语言知识目标

正确读出单词 touch、peach、teach、lunch、March、watch；掌握字母组合 ch 的发音规律；唱出包含带有 ch 的新单词的歌曲，做到见词能读、听音能写。

（二）语言技能目标

引导学生积极参加小组活动，促进他们养成动脑、动口和动手的好习惯，初步形成主动学习的意识。

（三）学习策略目标

本节课运用多媒体与教学相结合的教学手段，无论是课堂用语、游戏还是歌曲等，都以/tʃ/这个音标贯穿整节课。

（四）情感态度目标

（1）进一步增强学生学习英语的热情及兴趣。

（2）鼓励学生积极主动参与课堂活动，大胆开口，主动模仿。

四、教学重难点

（一）教学重点

培养学生见词能读和听音能写的技能，掌握本节课的歌曲 *Watch a Match*。

（二）教学难点

突破本节课不同的元音字母组合和 ch/tʃ/的拼读。

五、教学准备

自制的字母魔方、课件、平板电脑。

六、教学过程

步骤	教学活动	设计意图	设计原则
Ⅰ. Raising concern（引起关注）	1. Greeting 2. Lead-in （学生观看孙虹烨玩魔方的视频）	教师先让学生观看热门电视节目《最强大脑》中孙虹烨玩魔方的视频，惊叹他玩魔方的速度，然后引出魔方这个益智玩具，给学生带来新的悬念，用魔方作为主题游戏，引人入胜，使学生更加乐学、智学	趣味性原则 复现性原则
Ⅱ. Learning（学习新知）	1. Reading match （1）教师用课件呈现辅音字母，让学生复习已学的辅音，并在其中找出单词 （2）教师带读并板书字母组合 ch （3）教师用课件呈现儿歌视频 （4）教师教读 ouch、unch、each、arch、atch，教读的过程中渗透短语，让学生区分 watch 和 match 的发音 （5）学生打开书本，听音读单词（第43页） （6）教师在课件上呈现包含带有字母组合 ch 的单词的儿歌，让学生尝试见词能读	教师通过复习、引新、归纳、操练、认读等形式向学生呈现新的语音学习内容 ch、atch，由字母组合一步步过渡到单词，由浅到深，借助课件、律动、儿歌等带领学生了解学习内容，突出教学重点——ch 的读音，也通过 TPR 加深学生的记忆	情境性原则 目的性原则

（续上表）

步骤	教学活动	设计意图	设计原则
Ⅱ. Learning（学习新知）	2. Blending match 教师拿着一个表面贴了字母的大魔方，前后整列转动，魔方表面的字母也随之变化，变成一个个新单词，教师示范玩魔方拼读游戏。随后，学生在小组中与同伴互相组合，自主转动魔方，大声读出单词	教师设计 Let's blend 这个环节，魔方的随意转动和组合既方便简单，又注重学生自由拼读能力，通过替换、拆分、组合、举一反三等形式，让学生达到见词能读的教学目标	趣味性原则 目的性原则 针对性原则
	3. Practicing match （1）教师出示一台平板电脑，让学生自主选择完成其中一个练习游戏。游戏有"单词消消乐""听音填词""绕口令"，让学生在小组里完成 （2）教师请出另外的学生，选择完成其他游戏。游戏二是看书本儿歌的视频，补全单词	教师设计 Let's practice 这个环节，主要目的是让学生通过平板电脑里的游戏巩固语音内容，这些游戏设计运用先进的信息技术手段，与教学相结合，符合学生的年龄特点，能够调动学生的学习积极性，很受学生欢迎	目的性原则 针对性原则 运用性原则
Ⅲ. Preparing to report（准备发表）	Dubbing show match 教师先让学生观看一个动画电影片段，看完后教师将片段内容配音演绎出来，电影片段内容中出现的句型都有含字母组合 ch 的单词，让学生在演中学	教师设计 Let's dub 这个环节，让学生进行现场表演。这个环节既激活了课堂，又为学生提供了自主合作的学习平台，促进学生主动学习	情境性原则 趣味性原则 运用性原则
Ⅳ. Reporting（发表汇报）	活动：胜利过关 1. 教师小结活动 2. 教师通过课件呈现新单词 much、cheap、chicken、church，让学生自由读出		运用性原则 交际性原则

（梁婉清，江门市实验小学）

朗文版 "Bright Readers" Level 1 "A Strange House" 教学设计

一、教学内容分析

本节课内容选自华南师范大学附属小学（以下简称华师附小）正在使用的香港朗文版教材配套阅读材料 "Bright Readers" Level 1 中的一本故事书。本课是在学生学完了 1~20 数字单词，许多常见的动物词，家具词 bed、chair、table、desk、shelf、cupboard、box、bathtub，地点词 wall、floor、window 和四个介词 in、on、under、near 之后设计的读写课，拓展学习了许多新的动物词，而 "There is…" 和 "There are…" 句型是朗文版教材 1B 的重点和难点之一。这个故事有趣地滚动复习以前所学的涉及本话题的知识，对本话题内容进行了文本重构及内容挖掘，拓展学生关于本话题的语言知识，培养综合语言运用能力。

二、学生情况分析

在华师附小，这是对一年级学生的授课内容，因异地教学和学生水平差异，笔者选择给赤岗小学四年级学生授课。四年级学生对 1~10 数字单词已掌握得非常熟练，但对 11~20 数字单词离熟练掌握、灵活运用、朗朗上口还有一定的距离，而对于"动物"这个他们非常感兴趣的话题，课本里的那些动物词汇已经远远满足不了学生的求知欲，于是本课加入了大量的动物词汇，不仅出现在故事中，写作拓展也提供大量的动物词汇供学生选择、运用，这对减轻学生对写作的恐惧和烦躁起到一定的辅助作用。

三、教学目标

（一）语言知识目标

（1）词汇：

1~20 数字单词。

家具词 bed、chair、table、desk、shelf、cupboard、box、bathtub。

地点词 window、wall、floor。

介词 in、on、under、near。

动物词 dinosaur、snail、snake、spider、rat、frog、shark、bat、crocodile、owl。

（2）句型：

There is a…

There are…

（3）篇章：

通过对"A Strange House"的学习，获取作者所提及的各项信息，根据文章内容完成 Task 1、Task 2 和 "A Strange Classroom" 的习作。

（二）语言技能目标

（1）认读故事中出现的各种词汇。

（2）根据图片运用"There be..."句型表达图片的意思。

（3）根据提示，完成一篇想象作文。

（三）学习策略目标

通过对短文的阅读和理解，想象一间奇怪的教室，口头描述及书写小短文。

（四）情感态度目标

学会战胜恐惧。

四、教学重难点

（1）新的动物词汇的学习、记忆与运用。

（2）"There be..."句型的熟练运用。

（3）在学习过程中准确运用数词。

（4）动物词汇和地点词汇的学习。

五、教学准备

课件，worksheet，蜘蛛、鳄鱼、青蛙、蛇等形状的玩具。

六、教学过程

步骤	教学活动	设计意图	设计原则
Ⅰ. Raising concern （引起关注）	1. Sing a song：*Number Song* 2. Introduction and greeting	活跃课堂气氛，通过歌曲缓解学生的紧张心情并复习数字，为故事做铺垫	趣味性原则 复现性原则
Ⅱ. Learning （学习新知）	1. Introduce Anna	通过记忆游戏复习所学的知识	趣味性原则 目的性原则 针对性原则
	2. Present the title of the story and ask the pupils to guess the meaning of "strange"	通过图片展示和对课题的解释，激发学生的好奇心和求知欲	目的性原则 针对性原则 运用性原则

（续上表）

步骤	教学活动	设计意图	设计原则
Ⅱ．Learning （学习新知）	3. Teach the story by the picture, put the keywords on the blackboard	通过学习，呈现重点词汇，了解整个故事的大意	目的性原则 针对性原则 运用性原则
	4. Practice saying the new words. Ask pupils to say "Hello" to the animals	复习和巩固所学的新词汇	
	5. Ask pupils to read the story again and finish the tasks with their partners （1）Task 1：Write the numbers of the animals according to the story （2）Task 2：Read to the partner, then number the pictures	锻炼阅读理解能力和小组合作能力	
	6. Ask pupils to make some sentences by using the keywords	通过造句，熟练运用 "There be…" 句型，锻炼口头造句能力	
Ⅲ．Preparing to report （准备发表）	Task 3：Write a story "A Strange Classroom" （1）Show a picture of a classroom, take out some toy animals to talk about "a strange classroom", give examples. Then ask pupils to discuss in groups, talk about "a strange classroom" they imagine （2）Provide more vocabularies for pupils to write "A Strange Classroom"	1. 活跃气氛，激发学生的思维，发挥学生的想象力 2. 通过仿写，培养学生综合运用英语进行写作的能力	情境性原则 趣味性原则 运用性原则
Ⅳ．Reporting （发表汇报）	Have a presentation （教师引导学生朗读自己的作品，讲述自己想象中的故事）	通过分享和聆听，培养学生综合运用语言进行表达的能力	运用性原则 交际性原则
Homework	Share the story with your parents Finish your writing and draw a picture for it if you would like to		复现性原则 运用性原则

（肖靓，华南师范大学附属小学）

五年级教学设计

五年级上册（教科版）Unit 1 "What's Your Hobby?" 教学设计

一、教学内容分析

本节课是 Module 1 "Hobbies" Unit 1 "What's Your Hobby?" 的第一课时，学习如何谈论关于爱好的话题。本节课的主要学习任务是使学生掌握本课的单词和短语，用英语说出自己的兴趣爱好，理解和运用句型 "What's your hobby? My hobby is...I like/love... I...", 理解并掌握课文对话内容。课文本身内容较简单，但学生在四年级上册 Module 6 学习过 "Occupations" 的话题，在四年级下册 Module 4 学习过 "Activities" 的话题，Module 5 学习过 "Sports" 的话题，本节课教学将充分利用学生已有的知识和体验，结合已学过的活动、运动、职业、外貌等的相关知识，将新旧知识整合在一起，丰富本节课的教学内容，提高学生运用语言的能力，培养学生学习英语的语言能力、文化意识、思维品质和学习能力，即学科核心素养。

二、学生情况分析

五年级英语在小学英语教学中起着承上启下的作用，既是四年级的提升，又是六年级的铺垫。虽然五年级学生处于高年级学段，但仍然活泼好动，喜欢将直观形象思维和抽象思维相结合。大部分学生对英语有着较浓厚的学习兴趣和极强的求知欲。根据学生这一特点，本节课的设计注重对学生英语学习兴趣的培养，鼓励他们大胆说、积极做、认真想。本节课将采取情境式与任务型相结合的教学模式，为学生创设练习语言的环境，努力吸引学生的注意力，以便更有效地激发他们的学习兴趣。

三、教学目标

（一）语言知识目标

（1）掌握"四会"单词：hobby、model、collect、stamp、more、than、country、keep、animal。

（2）听、说、读以下新短语：make models、collect stamps、more than、keep pets。

（3）理解本课所学的句型：

What's your hobby?

My hobby is…

I like/love…

I…

（4）用简单的语言介绍自己的爱好及其理由。

（二）语言技能目标

（1）通过 Phonics 拼读本课的新单词。

（2）运用本课所学的句型：

What's your hobby?

My hobby is…

I like/love…

I…

（3）流利地朗读课文并尝试复述。

（4）将新旧知识相结合，用连贯的语言介绍自己的爱好及其理由。

（三）学习策略目标

（1）根据知识迁移、音素等方法记忆单词。

（2）在有趣的情境氛围中用英语说出自己的爱好及其理由。

（3）在英语会话中正确理解并运用所学的知识。

（四）情感态度目标

（1）通过本节课的学习，积极参与课堂教学活动，积极与他人开展口语交际，增强学习英语的兴趣和自信心。

（2）理解和尊重他人多样的兴趣爱好，并注重培养和坚持自己的爱好。

四、教学重难点

（一）教学重点

（1）熟练掌握本课所学的单词和短语。

（2）理解并运用句型：

What's your hobby?

My hobby is…

I like/love…

I…

（3）理解并流利朗读课文对话。

（4）将语言知识运用于较真实自然的情境当中，尝试用英语连贯地描述自己的爱好及其理由。

（二）教学难点

（1）对新学句型的理解和运用。

（2）结合新旧知识，连贯表达，说出自己的爱好及其理由。

五、教学策略

（1）利用课件、图片等资源辅助教学，让学生掌握单词的音、形、义和句型的运用。

（2）创设较为真实的 school clubs 的情境，结合学生的生活实际，使所学的内容生活化、情境化。

（3）通过课堂活动，让学生体验到学习英语的乐趣和运用语言的成就感。

（4）通过本课的学习，让学生明白不同的人有不同的爱好，要尊重别人的爱好并注重培养自己的爱好。

六、教学过程

步骤	教学活动	设计意图	设计原则
Ⅰ．Raising concern （引起关注）	1．Greetings，并宣读课题 2．复习四年级下册 Module 4、Module 5 有关 "Activities" 和 "Sports" 的短语	通过师生交流互动，让学生轻松愉快地进入课堂学习；通过复习活动类和运动类的旧单词，活跃课堂学习气氛，唤醒学生已有的旧知识，为新课学习做好铺垫	趣味性原则 目的性原则 针对性原则 复现性原则
Ⅱ．Learning （学习新知）	1．师生通过对 "Activities" 的复习，引出本课话题 "Hobbies"，呈现并同位操练句型 What's your hobby? My hobby is… I like/love… T：What's your hobby? S：My hobby is… I like/love…	教师呈现大量关于 "Activities" 的图片，学生根据自身的情况说句子，将所学的语言落到情境中，体验语言交际性和学习的成就感	趣味性原则 目的性原则

（续上表）

步骤	教学活动	设计意图	设计原则
	2. 创设参加 school clubs 的情境，呈现各种俱乐部，让学生根据自己的爱好申请加入喜爱的俱乐部	播放教师自制的视频，呈现不同的学校俱乐部，创设学生根据自身爱好申请加入俱乐部的情境，较真实地联系学生的生活实际和兴趣，激发学生学习语言、应用语言的能动性，将情境式教学和任务型教学相结合，意图体现和培养学生的英语核心素养（语言能力和学习能力）	趣味性原则 目的性原则 情境性原则
Ⅱ. Learning（学习新知）	3. 结合创设的情境，引出课文中的三个卡通人物，将教材和情境相结合，引入课文学习 （1）带着问题观看"金太阳"教学软件视频 （2）通过回答问题，引导学生找到有用的信息并理解课文，在课文情境中学习新单词，利用 Phonics 教学方法引导学生学习新单词 model、collect、stamp、more、than、country、animal、keep，学习新短语 make models、collect stamps、more than、keep pets，并在学习单词、短语的过程中拓展相关的文化知识	1. 进入课文集中学习单词、短语，用以旧引新的方法引出新单词，降低学习新单词的难度，结合学校科组的个人课题"Phonics 融入小学英语词汇教学的研究"，用 Phonics 引导学生学习新单词，便于学生快速拼读、记忆单词，并通过多种形式操练，提高课堂的时效性 2. 利用教师创设的加入俱乐部的情境，引出课本人物 Jiamin、Janet、Xiaoling，引导学生借助图片猜测他们的喜好，意图培养学生的英语核心素养（思维品质） 3. 通过观察图片介绍文本的背景，提高学生的学习关注度，在枯燥的单词、短语学习过程中注重给学生提供更多相关语言输入，如收集不同的物品、邮票的种类等，提高他们的求知欲，体现和培养学生的英语核心素养（文化意识）	目的性原则 针对性原则 运用性原则

（续上表）

步骤	教学活动	设计意图	设计原则
Ⅱ．Learning（学习新知）	4．理解并朗读课文（1）模仿录音，跟读课文（2）挖空填词，齐读课文（3）设置朗读的评价方式，同桌互相听、读课文	通过多形式的听、读课文，让学生理解并流利地朗读课文，尝试挖空背诵文本。教师设置三个不同的朗读等级，引导学生注意听同伴的朗读，并按照等级要求做出合理的评价，意图充分利用高年级学生的学习特点、心理特点等提高学生的学习关注度，增强他们的求知欲，培养学生的听、说、读能力，提高学生的英语核心素养（语言能力和学习能力），为下一环节的语言输出做铺垫	趣味性原则目的性原则
Ⅲ．Preparing to report（准备发表）	1．总结知识，复述课文并帮助课本人物挑选合适的俱乐部	引导学生根据课文内容，用简单的语言连贯表达，复述课本人物的爱好及其理由，并为其挑选合适的俱乐部	情境性原则趣味性原则运用性原则
	2．完成任务：小组讨论，学生利用新旧知识，连贯表达自己的爱好及其理由，并根据自己的爱好选择相应的俱乐部，完成加入俱乐部申请表的填写	通过新旧知识的有效整合，引导学生连贯表达，丰富表达自己爱好及其理由的语言，将语言知识尽可能运用于真实自然的情境中。最后将本课所学的语言运用到填写申请表中，提高学生的综合语言运用能力，意图体现语用目标，提高学生的英语核心素养	
	3．情感教育并进行课堂总结	通过本课的话题学习，引导学生了解并尊重别人的爱好，知道爱好需要持之以恒地坚持和练习	
Ⅳ．Reporting（发表汇报）	小组内分享，并展示写作成果	通过小组分享、展示自己的写作成果，让所学的内容生活化、情境化，并在课堂中使学生体验到学习英语的乐趣和运用语言的成就感	运用性原则交际性原则

（续上表）

步骤	教学活动	设计意图	设计原则
Homework	1. Remember the new words and recite the dialogue 2. Make a poster of your hobby, get ready for the school clubs	让学生把课堂的内容延伸到课后，在课堂口语连贯表达的基础上，过渡到写作	复现性原则 运用性原则 交际性原则

七、板书设计

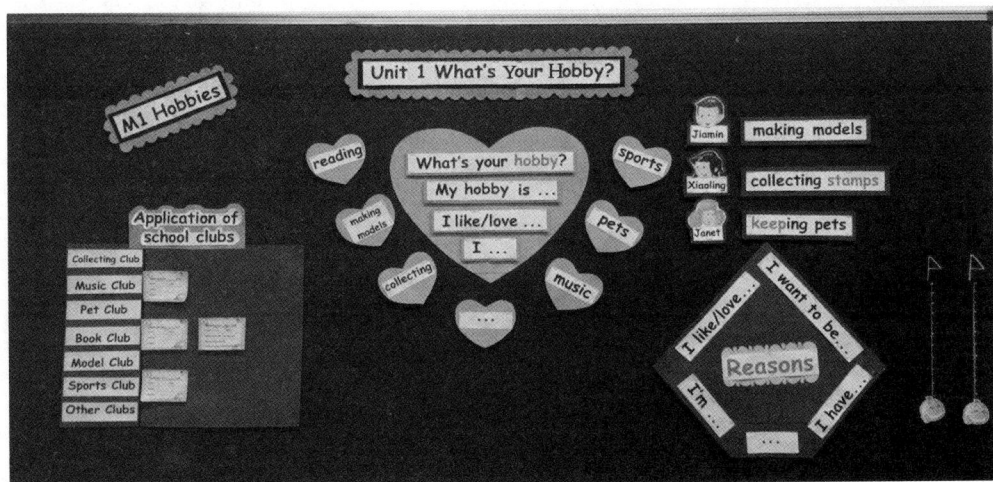

Worksheet

Application for _____ Club

Name:	Age:
My hobby:	
Reasons:	

（邝健云，广州市海珠区第二实验小学）

五年级上册（教科版）Unit 5 "Where Is Ben?" 教学设计

一、教学内容分析

Module 3 "Daily Life" 主要谈论自己及他人在工作日和周末的日常活动。教学目标是让学生学会问他人做某事的频率，以及用频率词转述他人做的事情或活动。本课内容与学生的现实生活紧密相关，容易引起学生的兴趣。本节课是 Module 3 Unit 5 的第一课时，属于新授课。本节课主要学习 Unit 5 的单词、课文，以及一般现在时第三人称单数的陈述句和一般疑问句。这个模块的内容比较贴近生活，教师在教学过程中应尽量与实际联系起来，让学生在情境中学习、巩固，学会用英语做事情。

二、学生情况分析

五年级学生经过四年的英语学习，已经形成了良好的学习习惯，积累了一定的英语知识，掌握了一定的语言技能。同时学生对日常活动的话题也有实际体验，对本话题将产生浓厚的兴趣。学生乐于开口表达，积极参与各项英语课堂活动。

三、教学目标

（一）语言知识目标

（1）掌握"四会"单词及短语：life、maybe、weekday、find、look for。

（2）理解本课所学的句型：

Sometimes he plays computer games.

He/She always/often/never（does something）…

Does he/she…?

Yes, he/she does.

No, he/she doesn't.

（二）语言技能目标

（1）通过 Phonics 拼读本课新单词。

（2）运用本课所学的句型：

Sometimes he plays computer games.

He/She always/often/never（does something）…

Does he/she…?

Yes，he/she does.

No，he/she doesn't.

（3）流利地朗读课文并尝试复述。

（4）用频率词转述他人做的事情或活动。

（三）学习策略目标

（1）根据知识迁移、音素等方法记忆单词。

（2）联系实际生活，深入理解 Daily Life 的主题。

（3）在英语会话中正确理解并运用所学的知识。

（四）情感态度目标

通过本节课的学习，学生积极参与课堂教学活动，积极与他人进行口语交际，增强学习英语的兴趣和自信心。

四、教学重难点

（1）理解并运用句型：

Sometimes he plays computer games.

He/She always/often/never（does something）…

Does he/she…?

Yes，he/she does.

No，he/she doesn't.

（2）理解并流利朗读课文对话。

（3）将语言知识运用于较真实自然的情境中。

（4）进一步归纳一般现在时第三人称作主语的句型，以及一般现在时第三人称单数动词的变化。

五、教学策略

（1）利用课件辅助教学，让学生掌握单词的音、形、义和句型的运用。

（2）联系实际生活，利用听读方式对学生进行语言输入，使所学的内容生活化、情境化。

（3）通过课堂活动，让学生体验到学习英语的乐趣和运用语言的成就感。

六、教学准备

图片、课件等。

七、教学过程

步骤	教学活动	设计意图	设计原则
Ⅰ．Raising concern （引起关注）	1．Greeting 2．Let's chant	通过问候和小诗，给学生营造轻松愉快的学习气氛，同时为学习新知做铺垫	趣味性原则 目的性原则 针对性原则 复现性原则
Ⅱ．Learning （学习新知）	1．出示几张教师的日常生活的照片，然后让学生谈谈自己的日常生活	让学生直观地感知日常生活	趣味性原则 目的性原则
	2．让学生转述别人的日常生活，由此引出一般现在时的第三人称单数，复习动词的第三人称单数形式	由第一人称自然过渡到第三人称，学生比较容易理解。在这里复习动词的第三人称单数形式，让学生更熟练地掌握这个知识点	趣味性原则 目的性原则 情境性原则
	3．让学生根据图片及频率副词说出句子	机械操练，主要让学生熟悉句型	目的性原则 针对性原则 运用性原则
	4．借助图片呈现一般疑问句"Does…?"及其回答	通过图片直观地让学生理解这个句型	趣味性原则 目的性原则
	5．Guessing game 挡住局部图片，让学生运用"Does…?"来猜	让学生在游戏中操练语言，增强语言学习的趣味性	
	6．课文学习 （1）展示课本人物 Ben 及其日常活动，引出课文内容学习 （2）让学生带着问题听录音，感知课文大意 （3）选择正确答案 （4）看课文动画 （5）读课文 （6）复述课文	通过多形式的听、读课文，让学生理解并流利地朗读课文，尝试挖空背诵文本、复述课文内容	趣味性原则 目的性原则 情境性原则

（续上表）

步骤	教学活动	设计意图	设计原则
Ⅲ. Preparing to report（准备发表）	做调查并完成表格	通过 worksheet 给学生创设信息沟，让学生运用学到的语言知识去交流，以获取信息，达到学以致用的目的	情境性原则 趣味性原则 运用性原则
Ⅳ. Reporting（发表汇报）	调查结果汇报		运用性原则 交际性原则
Homework	1. Copy the new words 2. Recite the dialogue	让学生把课堂的内容延伸到课后	复现性原则 运用性原则 交际性原则

八、板书设计

Module 3　Daily Life

Unit 5　Where Is Ben?

life	Sometimes he/she plays computer games.
weekday	He/She always/often/never（does something）…
ice cream	Does he/she…?
look for	Yes，he/she does.
maybe	No，he/she doesn't.
find	

（黄丽君，广州市海珠区赤岗小学）

五年级上册（教科版）Unit 10　"Different Tastes"
教学设计

一、教学内容分析

本节课内容选自教科版教材五年级上册 Module 5 "Foods We Need" Unit 10 "Different Tastes" Let's read 部分。本节课是在学生学完了 smell、delicious、sweet、salty、fresh、tastes、hot、rice、dumpling、noodle、bread 等单词和句型 "What do you think of…? It smells delicious…Very hot." 之后设计的阅读课教学。本节课的教学重点是帮助学生对 Module 4 "Foods and Drinks" 的部分单词进行复习、归纳、整理，继续学习食物类单词 dimsum、pancake、bun 以及餐具单词，使学生了解东西方用餐方式和中国部分地区的饮食习惯，并能用英语谈谈自己的饮食爱好，培养综合语言运用能力。

二、学生情况分析

学生通过对 Unit 7、Unit 8、Unit 9 的学习，已掌握部分有关食品的单词和形容食品的单词，能够用感官动词来形容食品，以及用英语来描述自己对食品的喜好。本节课是在此基础上进一步归纳、整理所学习的单词，学生的学习重点是听、说、读本课的新单词，了解东西方用餐方式和中国部分地区的饮食习惯。学习难点是流利地朗读宾语从句 "But do you know that people in China have different tastes, too?" 因此，在教学过程中采用视频欣赏、思维导图、划分意群进行朗读等学习策略，构建系统的知识框架和完整的语言情境并进行操练活动，减轻学生对学习的恐惧和烦躁，激发和满足学生获取知识的欲望。

三、教学目标

（一）语言知识目标

（1）听、说、读单词和短语：different、western、chopstick、bowl、plate、knife、fork、for example、sour、most、also、plenty of、dimsum、pancake、terrible。

（2）运用句型：

Do you know that…?

…eat(s)…with forks/chopsticks/bowls/plates?

…taste(s) terrible/delicious.

（二）语言技能目标

（1）模仿课文录音的语音、语调朗读课文。

（2）询问和表达对食物的评价。

（3）观看课文动画，口头回答问题。

（4）逐步培养根据发音规则见词会读的能力。

（三）情感态度目标

（1）通过本节课的学习，提高学习兴趣和参与课堂活动的积极性，养成良好的学习习惯。

（2）培养热爱生活的情感。

（3）通过在小组中积极与他人合作，共同完成学习任务，建立文明、和谐的同学关系，友善待人。

（四）学习策略目标

（1）通过互助合作，在教师的点拨下进一步加深对所学知识的理解，掌握学习内容并用新旧知识的关联进行交流。

（2）通过在小组中积极与他人合作，共同完成学习任务。

（五）文化意识目标

（1）知道东西方不同的饮食习惯。

（2）了解中国部分地区的饮食偏好。

四、教学重难点

（一）教学重点

（1）听、说、读以下单词和短语：different、western、chopstick、bowl、plate、knife、fork、for example、sour、most、also、plenty of、dimsum、pancake、terrible。

（2）流畅地朗读以下句型：

Do you know that people in China have different tastes, too?

…eat(s)…with forks/chopsticks/bowls/plates.

（3）运用句型：…taste(s) terrible/delicious.

（4）用正确的语音、语调朗读课文。

（二）教学难点

（1）流畅地朗读以下句型：

Do you know that people in China have different tastes, too?

…eat(s)…with forks/chopsticks/bowls/plates.

（2）用英语描述东西方不同的饮食习惯、中国部分地区的饮食偏好。

五、教学策略

（1）创设真实的情境，开展有效的教学活动，激发学生的学习积极性，丰富学生的知识。

（2）通过小组合作，提高学生的综合语言运用能力。

六、教学过程

步骤	教学活动	设计意图	设计原则
Ⅰ. Raising concern（引起关注）	Let's talk	选出两名学生谈论学校午餐，引起学生关注，激发兴趣，复习旧知，引出新单词 terrible 和句型 "… taste（s）terrible/delicious."	趣味性原则 目的性原则 针对性原则 复现性原则
Ⅱ. Learning（学习新知）	1. Enjoy the movie 学习句型：… eat（s）… with forks/chopsticks/bowls/plates	学生观看东西方饮食视频，激发学生参与活动的兴趣，唤起学生对旧知识的回忆；同时学生在教师的协助下，根据教师的读音拼读出新单词，培养学生的语音听力和拼词能力。分成意群，引导学生正确地朗读	趣味性原则 目的性原则 针对性原则 情境性原则 整体性原则
	2. 整理、归纳	通过整理和归纳，让学生了解东西方不同的饮食方式，培养学生的跨文化意识	针对性原则 目的性原则 运用性原则
	3. 呈现图片，学习新单词，并把食品归类到相应的地区	在教师的协助下，学生根据教师的读音拼读出新单词，培养学生的语音听力和拼词能力，正确地朗读比较长的宾语从句。通过动手对图片进行归类，提高学生的参与度，让学生进行实践体验，发表自己的见解，使学生能在乐中学、在学中用	趣味性原则 目的性原则 针对性原则 运用性原则
	4. 整理、归类	学生在学习的过程中，检验自己是否掌握了教学内容，进一步激发学生的学习欲望	目的性原则 针对性原则 运用性原则

（续上表）

步骤	教学活动	设计意图	设计原则
Ⅲ. Preparing to report（准备发表）	1. 听课文录音	再次整体感知课文，为汇报及语言输出做铺垫	目的性原则 针对性原则 整体性原则
	2. 跟读课文，小组朗读	学生跟读课文，小组内模仿课文录音的语音、语调朗读课文，培养学生的英语语感和沟通合作能力	趣味性原则 目的性原则 针对性原则
	3. 根据课文内容填上所缺的单词	检验学生的学习效果，为汇报做铺垫	复现性原则 目的性原则 针对性原则
	4. 总结	学生总结东西方饮食文化的差异以及中国部分地区的饮食文化和饮食习惯，要注意养成健康的饮食习惯，逐步形成善于总结的好习惯	目的性原则 针对性原则 运用性原则
Ⅳ. Reporting（发表汇报）	班级分享	学生之间相互分享饮食喜好，达到语言输出的目的，形成语言意识	趣味性原则 目的性原则 针对性原则 交际性原则
Homework	1. 听读课文 2. 描述自己的饮食喜好		整体性原则 目的性原则 针对性原则 运用性原则

七、板书设计

Unit 10   Different Tastes

terrible

western   …taste(s) terrible/delicious.

different   …eat(s)…with forks/chopsticks/bowls/plates.

for example   Do you know that…?

most

also

plenty of

Chinese people	Western people
eat rice or noodles use chopsticks & bowls	eat bread eat meals on a plate with a knife & fork

Guangzhou	Beijing	Sichuan
enjoy sweet and sour food eat dimsum	eat noodles, pancakes and dumplings like salty food	love hot food

（刘婵兴，广州市海珠区赤岗小学）

五年级上册（教科版）Unit 11 "What's the Weather Like Today?" 教学设计

一、教学内容分析

本节课为教科版教材五年级上册 Module 6 "Weather" Unit 11 "What's the Weather Like Today?" 第一课时。"天气"这个话题非常贴近学生的生活。说到天气，自然会与季节、服装以及相关的活动联系起来，本单元中还渗透了不同国家同一时间的不同季节等内容。根据单元目标，笔者将本单元分为三个课时，第一课时（different weather，colourful life）主要是对天气及相关的服装、活动词汇进行系统的学习，为第二课时（different places，different weather）做好语言铺垫；第三课时主要是围绕着语音故事进行 y、ing 的语音教学，同时使学生掌握sunny、cloudy、windy、rainy 等以 y 结尾的单词的规律。本单元主要实现的语言目标是学生能用 "What's the weather like today?" 或 "How is the weather?" 来询问天气，能运用关于天气的单词，如 warm、wet、hot、dry、cool、windy、cold、snowy、sunny、rainy、rain、snow 等，能通过与天气相关的词汇复现以前学过的关于服装、活动的词汇。

二、学生情况分析

本节课的教学对象是广州市海珠区赤岗小学五年级学生，他们具有扎实的英语语言基础，在二年级的听说课中已经接触过 "天气" 话题，学过 spring、summer，在四年级学过关于衣物（如本课故事文本涉及的 jacket、hat、coat）、运动、活动（如本课故事文本涉及的 go fishing、fly a kite）等的词汇和短语。

基于教学内容及学生学情，笔者以 "让学生跳一跳就能摘到桃子" 的最近发展区为出发点，将本单元的内容进行整合，设定了相关教学目标。

三、教学目标

（一）语言知识目标

（1）听、说、读、写核心句型 "What's the weather like today?" 及表示天气的核心词汇：warm、wet、hot、dry、cool、windy、cold、snowy、sunny、rainy、rain、snow。

（2）理解故事中的内容，并能正确读出故事。

（二）语言技能目标

（1）用核心句型及核心词汇对天气进行问答和描述。

（2）描述故事的梗概，根据图片和板书复述故事。

（三）学习策略目标

（1）主动与同伴合作交流，共同完成学习任务。

（2）根据标题、图片或视频等预测语篇内容，并能通过关键词提取文本重要信息，了解文本大意。

（3）注意倾听、积极思考。

（四）情感态度目标

（1）体验到英语学习的乐趣。

（2）敢于开口，在表达时不怕出错。

（3）在小组活动中积极配合他人。

（4）遇到困难主动求助，勇于克服。

（五）文化意识目标

通过本课的学习，学生感受四季不同天气的变化、生活方式的不同，以及天气带来的不同生活体验，从而培养积极向上的生活态度。

四、教学重难点

（一）教学重点

掌握核心句型及表示天气的核心词汇。

（二）教学难点

正确表达关于天气的内容。

五、教学策略

英语绘本是小学英语教学的新载体，为了突破本课的重难点，笔者选用了 Cherly Ryan 的绘本 *How's the Weather*，根据本课内容进行了改编，借用其栩栩如生的人物形象和图片进行教学，激发学生的学习兴趣和培养学生的阅读能力。

六、教学准备

图片、词卡、多媒体课件。

七、教学过程

步骤	教学活动	设计意图	设计原则
Ⅰ．Raising concern（引起关注）	Sing a song about weather	通过歌曲进行热身，营造轻松愉悦的学习氛围，缓解学生紧张的心情，同时为导入课题埋下伏笔	趣味性原则 目的性原则 针对性原则
Ⅱ．Learning（学习新知）	1．Lead in the title：Weather T：What kind of weather do you know?	由歌曲导入新课	趣味性原则 目的性原则 情境性原则
	2．The first part of the story	利用故事创设学习情境	

（续上表）

步骤	教学活动	设计意图	设计原则
Ⅱ．Learning（学习新知）	3．Watch and find out T：What other kinds of weather can the girl know from the weatherman？	阅读故事第二部分，找出 weatherman 在不同季节里播报的天气词汇，让学生整体理解和初步感知学习内容	趣味性原则 目的性原则 针对性原则 情境性原则
	4．Read picture by picture（在故事中学习核心句型和词汇） 第一个季节的天气内容，教师教授 第二个季节的天气内容，师生共同完成学习 第三个季节的天气内容，学生尝试自己完成学习 第四个季节的天气内容，学生与同桌合作完成学习	分别学习每个季节的天气、衣物、活动，通过问题推动故事的发展，从而带动核心句型和词汇的学习。对四个季节里的天气的学习，由教师的扶到半扶，最后到教师的放，体现教学中由扶到放的过程，一步步构建出以 "different weather, colourful life" 为中心思想的思维导图	趣味性原则 情境性原则 复现性原则 目的性原则 针对性原则 运用性原则
	5．Read and dub （1）同桌齐读文本 （2）观看配音视频	通过配音，让学生在情境中输出故事文本	趣味性原则 目的性原则 运用性原则 针对性原则
	6．Read the mind map 7．The end of the story	师生共同看着黑板上的关键词，复述四季的天气、衣物、活动，引出故事的最后结尾，突出本课的中心思想：different weather, colourful life	趣味性原则 目的性原则 运用性原则 针对性原则 情境性原则
Ⅲ．Preparing to report（准备发表）	1．Write down the different weather and colourful life	写写自己在不同天气里的生活	情境性原则 趣味性原则 运用性原则
	2．Talk about the different weather and colourful life with your group members	小组练习与分享	

（续上表）

步骤	教学活动	设计意图	设计原则
Ⅳ. Reporting（发表汇报）	Show the different weather and colourful life about you	全班同学分享自己在不同天气里的穿着与活动	运用性原则 交际性原则
Homework	1. Read the story 2. Recite the story，record it on the WeChat 3. Write about your colourful life in different weather	将故事文本的学习体验延伸到课后，通过分层作业，让学生自主选择学习巩固的方式。第三个选择是让学生将课堂上学到的句子构建成连贯的语篇，逐渐帮助学生树立写作的信心	针对性原则 运用性原则 交际性原则

八、板书设计

Unit 11 Different Weather, Colourful Life.（P1）

will rain / snow **What's the weather like today?** will be hot / cold

It will ...

season	weather	clothes	activity
spring	warm and wet	raincoat	go fishing with dad
summer	hot and dry	swimming suit	go to the beach
autumn	cool and windy	jacket	fly a kite
winter	cold and snowy	hat and coat	make a snowman

G1	G2	G3	G4	G5	G6	G7	G8	G9

（林惠英，深圳市坪山区汤坑小学）

五年级下册（教科版）Module 1 "Seasons" 复习课教学设计

一、教学内容分析

本节课的学习内容为 Module 1 "Seasons" Unit 1 "What's Your Favourite Season?" 和 Unit 2 "It's the Middle of Winter"，课型为复习课，难度一般，学生容易掌握。该话题内容包含季节、天气、行为活动、国家，学生对该话题比较熟悉，也比较感兴趣。因此，在教学设计上采取重构文本的方式，先复习短语，谈论有关季节的句型，再通过话题来引导学生巩固以前学过的知识。

二、学生情况分析

本节课的教学对象是五年级学生，基础较好。学生学习季节的相关知识后，对旅行计划产生了兴趣。在课堂上采用由词到句再到篇的方法，遵循逐层递进的教学原则。通过微课、短片、文本等形式让学生乐于开口说英语，积极参与各种教学活动，达到运用英语进行交际的目的。

三、教学目标

（一）语言知识目标

（1）听、说、读、写下列单词和短语：spring、summer、autumn、winter、go skiing、plant flowers、play outdoors、go camping。

（2）理解下列句型：

What's your favourite season?

My favourite season is…

Which season do you like best?

I like…

What can you do?

I can…

（二）语言技能目标

（1）流利地朗读对话。

（2）运用下面的句型谈论有关的季节：

What's your favourite season?

My favourite season is…

Which season do you like best?

I like…

What can you do?

I can…

（3）运用所学的知识与同学谈论自己和别人喜欢的季节及活动。

（三）学习策略目标

（1）通过微课、视频来巩固学过的知识。

（2）通过参与课堂各种活动，提高语言交际能力。

（四）情感态度目标

（1）热爱生活，热爱大自然。

（2）通过复习本单元内容，用英语制订暑假计划，合理安排行程。

（五）文化意识目标

制订暑假计划时考虑当地的气候及活动。

四、教学重难点

（1）复习有关季节的内容。

（2）用英语描述自己的计划。

（3）用英语文本描写与季节有关的内容及暑假计划。

五、教学策略

（1）创设真实情境，开展有效的教学活动，激发学生的学习积极性，丰富学生的知识。

（2）通过小组合作，提高学生的综合语言运用能力。

六、教学准备

课件、电脑、贴图。

七、教学过程

步骤	教学活动	设计意图	设计原则
Ⅰ．Raising concern （引起关注）	1. Greeting 2. Listen to a song *If You're Happy* and try to act out the activities 3. Talk about the seasons and watch a video about seasons	通过歌曲激发学生的学习兴趣，引出知识背景，再通过观看视频、讨论引出本课的课题	趣味性原则 目的性原则 针对性原则 复现性原则

（续上表）

步骤	教学活动	设计意图	设计原则
Ⅱ. Learning（学习新知）	1. Lead-in Which season do you like best? Why? What can you do in this season?	通过讨论季节的特点引导学生深入了解各个季节	趣味性原则 目的性原则 针对性原则 情境性原则 整体性原则
	2. Show the world map and discuss：Where can we go for a trip in summer holiday?	以世界地图引导学生关注不同国家，初步设想自己想去哪个地方享受自己的暑假，从而引起学生之间的情感碰撞	趣味性原则 针对性原则 目的性原则 运用性原则 整体性原则
	3. Talk about the four places：What are the seasons in these places? What's the weather like?	通过视频让学生聚焦所讨论的四个特色国家或地区，初步感知这些地方的背景知识	
	4. Reading time （1）Talk about Beijing, China and Australia, make a mind map or fill in the blanks （2）Talk about South Africa, read and choose （3）Talk about Hawaii and fill in the form	在引导的阅读活动的帮助下，学生对一些国家或城市有进一步的了解，同时以阅读思维导图、填空、选择、比较等方式培养学生的多种思维品质	针对性原则 目的性原则 运用性原则 整体性原则
Ⅲ. Preparing to report（准备发表）	1. Group selling （1）Each group choose a place to sell （2）Design selling words in groups（教师出示骨架文本帮助学生设计推销方案） （3）Show time：每组派一个代表出来推销	通过推销活动，让学生在任务的驱使下学会正确使用语言知识发展语言技能，并在骨架文本的帮助下系统地理顺所学习的语言知识，做到合理输出。另外通过面对面推销，发展学生的个性以及进一步激发学生用英语做事的兴趣	趣味性原则 针对性原则 目的性原则 运用性原则 整体性原则

（续上表）

步骤	教学活动	设计意图	设计原则
III．Preparing to report（准备发表）	2．Make a travel plan in summer holiday with your partners	通过调查活动和方案设计，引导学生学会合作学习、合作完成任务，并让学生懂得与同伴一起分享生活的快乐	趣味性原则 针对性原则 目的性原则 运用性原则 整体性原则
IV．Reporting（发表汇报）	Show up the plans	学会分享，达到语言输出的目的，形成语言意识	
Homework（二选一）	1．选一个自己喜欢的暑假旅游地点，为它写一份宣传广告词 2．和父母或者好朋友一起做一份暑假旅游计划（可以是一个旅游地点，也可以是整个旅游策划），并与同学分享		趣味性原则 针对性原则 目的性原则 运用性原则

八、板书设计

Module 1　Seasons

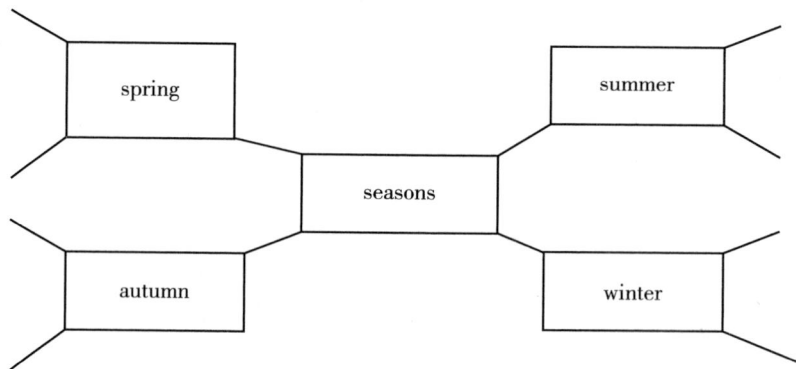

spring		summer
	seasons	
autumn		winter

（刘婵兴，广州市海珠区赤岗小学；刘钧富，东莞市茶山镇第二小学；侯琼芳，揭西县棉湖镇林少卿纪念学校；林海英，韶关市曲江区实验小学）

五年级下册（教科版）Unit 8 "Ben's First Trip to Beijing" 教学设计

一、教学内容分析

五年级下册 Module 4 的主题是旅游（Travel），Unit 8 是本册教材学习一般将来时的第四个单元，也是第三个描述旅游计划的单元。语言重点是一般将来时及描述旅行的方式。本节课是 Unit 8 的第一课时，主要是在 Unit 7 的基础上进一步描述旅行计划及过程，教学内容是 Let's read 部分。

二、学生情况分析

五年级学生应该会对自己生活中的"旅游"话题感兴趣，对本节课内容中旅行的城市北京会有一定的认识，甚至部分学生可能去过北京旅游。大部分学生知道北京著名的旅游景点但不知道英语表述，所以本节课的学习目标是把学习内容和学生的实际生活经验联系起来。

三、教学目标

（一）语言知识目标

（1）听、说、读单词和词组：trip、hotel、palace、around、lake、street、the Great Wall、the Summer Palace。

（2）理解课文内容。

（二）语言技能目标

（1）用正确的语音、语调朗读课文。

（2）根据思维导图复述课文内容。

（三）学习能力目标

（1）学生通过思维导图将课文内容图示化，改善记忆方法。

（2）学生通过小组合作完成任务，发展自己的小组合作能力。

（四）思维品质目标

通过提取重点信息完成思维导图并复述，逐渐培养思维的逻辑性。

（五）文化意识目标

了解北京著名建筑物的英语名称。

四、教学重难点

（一）教学重点
（1）听、说、读本课的新词汇。
（2）根据思维导图复述课文内容。

（二）教学难点
根据思维导图复述课文内容。

五、教学策略

（1）本节课以"trip to Beijing"为主线，以任务驱动学习，充分利用学生的已有知识和视频资源，创设语言情境，通过思维导图将知识图示化，优化课堂教学。

（2）采用RLPR话题教学模式。在教学过程中，尽量引导学生运用所学的知识进行交流与汇报，培养学生的综合语言运用能力。

（3）以话题开展教学。在教学过程中以话题为中心，以交流为目的，以视听为途径，以任务为引导，在话题中拓展、培养学生的综合语言运用能力。

六、教学准备

课件、卡片等。

七、教学过程

步骤	教师活动	设计意图	设计原则
Ⅰ. Raising concern（引起关注）	Let's sing（1分钟）	让学生尽快进入学习状态，同时自然导入本节课话题	趣味性原则 目的性原则 情境性原则
Ⅱ. Learning（学习新知）	1. Let's share：学习景点词汇 引出教师要去北京旅游的情境，学生给教师推荐北京著名景点	挖掘学生已有的生活经验，预学景点词汇，为阅读扫除障碍	目的性原则 情境性原则 运用性原则
	2. Let's play：玩词汇游戏 看景点图片和词组出现的顺序，猜测下一个景点单词	运用思维性游戏激发学生思考，提高参与度，并且通过游戏巩固景点词汇	情境性原则 趣味性原则 真实性原则

（续上表）

步骤	教师活动	设计意图	设计原则
Ⅱ．Learning（学习新知）	3．Ben's trip （1）引出本课主题图 Ben is going to Beijing （2）快速浏览，圈出 Ben 计划去的地方 （3）Let's listen：听课文，把时间点和景点图片连线 （4）Let's read：师生示范阅读后，两人小组合作阅读完成时间轴表格 （5）Let's play：长句训练游戏	1．练习听力，首先对文本产生整体认知，了解 Ben 去游玩的景点。通过指导，学生提取信息，理解课文 2．帮助学生记忆长句子，关注 what、when 等信息点，为复述做准备	目的性原则 情境性原则 真实性原则
	4．Read the passage（5 分钟）	通过跟读，学生学会正确朗读短文	目的性原则
Ⅲ．Preparing to report（准备发表）	1．小组在时间轴表格的帮助下练习复述课文 2．Let's help：帮助教师完成旅行计划	1．提高复述课文的能力 2．帮教师做旅游计划，再次巩固本课单词和词组，为学生描述计划提供范例	运用性原则 交际性原则 复现性原则
Ⅳ．Reporting（发表汇报）	Let's make a plan：在小组内分享自己的旅游计划	通过展示，培养学生自信表达的心态	运用性原则 交际性原则
Homework	1．抄写单词 2．读熟课文	让学生把课堂的内容延伸到课后	复现性原则 运用性原则

八、板书设计

Module 4　Travel
Unit 8　Ben's First Trip to Beijing

when	this morning	now	this evening	tomorrow morning	in the afternoon	on Friday morning	on Saturday
where	Beijing		—				
how							
what	—	—					—

（陈铭鸿，广州市海珠区赤岗小学）

五年级下册（教科版）Unit 12 "I Know a Short Cut" 复习课教学设计

一、教学内容分析

本节课的学习内容是 Module 6 "Directions" Unit 12 "I Know a Short Cut"，课型为复习课，难度一般，学生容易掌握。该话题内容包含场所、活动、方向、交通方式及指路等，学生对该话题比较熟悉，也比较感兴趣。因此，在教学设计上重构文本，先复习短语、谈论相关的信息，再通过外国友人的故事巩固已学的知识，通过任务进行语言交际训练。本节课以学校招聘为到穗来宾做小导游的志愿者为主线，融合了之前所学的相关内容，如各景点、景点活动以及到各景点的交通方式，最终完成对指路用语的巩固和拓展。

二、学生情况分析

本节课的教学对象是五年级学生，基础较好。通过对 Unit 11 和 Unit 12 课文的学习与训练，学生已掌握向别人指路的词汇和用语。学生积极认真，思维具有创造性。

三、教学目标

（一）语言知识目标

（1）理解并运用单词：tower。

（2）运用下面的句型：

Can you tell me the way to…, please?

Go straight ahead.

Turn right/left at the first/second/…crossing.

Take the first/second/… right/left.

The…is on the right/left.

（二）语言技能目标

（1）从阅读文本中提取信息。

（2）看地图并用以下的句子指路：

Go straight ahead.

Turn right/left at the first/second/…crossing.

Take the first/second/… right/left.

Take a No. 14 Bus/the metro to… （station）.

The…is on the right/left.

（三）学习策略目标

（1）通过游戏、小组竞赛与小组合作，巩固学过的知识。

（2）通过参与各种课堂活动，提高语言交际能力。

（四）情感态度目标

（1）热爱广州，乐于助人，做一个热情的广州人。

（2）通过复习本单元内容，用英语向来宾指路。

（五）文化意识目标

渗透广州文化。

四、教学重难点

（一）教学重点

（1）复习指路用语。

（2）用英语向来宾指路。

（二）教学难点

用英语向来宾指路。

五、教学策略

（1）创设真实的情境，以任务推进教学活动，以活动提高学生的积极性，以阅读丰富学生的知识。

（2）通过小组合作，提高学生的综合语言运用能力。

六、教学准备

课件、电脑、练习纸。

七、教学过程

步骤	教学活动	设计意图	设计原则
Ⅰ. Raising concern（引起关注）	1. Greeting 2. Let's chant Left，left，turn left，right，right，turn right Left，left，right，right，turn around Go，go，go ahead Straight，straight，straight ahead Go straight ahead Turn left，turn right，go straight ahead Turn right，turn left，at the second crossing 3. Let's say Non-stop saying for 1 minute place、activity、transportation	通过小诗激发兴趣；通过列举话题的中心词引起学生的关注，引出本课的课题	趣味性原则 复现性原则
Ⅱ. Learning（学习新知）	1. Let's listen Listen and number the picture （1）Turn right （2）Go straight ahead （3）Go straight ahead then turn left at the second crossing （4）Turn left	通过听力训练，唤起学生对指路相关知识的关注	情境性原则 目的性原则
	2. Let's learn Story "I Am Lost"	以故事呈现本课的语言知识，提出任务：学校招聘为到穗来宾做小导游的志愿者	趣味性原则 目的性原则 针对性原则
	3. Let's talk Task 1：Read the story and choose the right answer to the questions （1）What does Mr Black want to do? A. He wants to visit his friends B. He wants to visit Canton Tower （2）Where does he want to go? A. Westin Hotel B. Canton Tower Task 2：How does Mr Black go to the metro station? Underline the directions Task 3：Guess （1）What gesture does the lady do? （2）What happens next?	通过由易到难的任务，进行分层阅读，让学生从故事文本中小结指路用语，并通过开放性的问题发散学生的思维。根据故事情节，将学生引到实际生活中，提出主线：招聘为到穗来宾做小导游的志愿者，出示志愿者的招聘要求。在学生小结中复习指路用语	目的性原则 针对性原则 运用性原则

（续上表）

步骤	教学活动	设计意图	设计原则
Ⅱ．Learning（学习新知）	4．Let's practice Look at the map and find out the way from A to B Situation 1：Ann is from Australia. She wants to get some cash（现金）. So she wants to go to the _____. Who can help her? Situation 2：Mr Green is an American. He doesn't feel well today. So he wants to go to the _____. Who can help him?	以小文本创设情境，通过情境文本的阅读进行操练，巩固指路用语	目的性原则 针对性原则 运用性原则
Ⅲ．Preparing to report（准备发表）	1．Let's discuss Choose a place and discuss how to go there	小组合作，讨论去各景点的路线	情境性原则 趣味性原则 运用性原则
	2．Let's introduce Fill in the form and complete the dialogue according to the map | What to do?	Where to go?	How to go? | |---|---|---| | | | | | | | |	通过对去广州各景点的路线介绍，巩固并拓展指路用语	
Ⅳ．Reporting（发表汇报）	Show out the report A：… B：… A：Can you tell me the way to the _____ _____？ B：Yes. _____	热情接待来宾，乐于表达，达到语言输出的目的，形成英语思维意识，提高综合语言运用能力	运用性原则 交际性原则
Homework	选择一个景点进行介绍，并写成电子邮件发给教师		复现性原则 运用性原则

八、板书设计

Module 6   Directions

Unit 12   I Know a Short Cut

Go straight ahead.

Turn right/left at the first/second/...crossing.

Take the first/second/... right/left.

Take a No. 14 Bus/the metro to...

The...is on the right/left.

get

picture—gesture

flower—tower

intersection

（翁雅，广州市越秀区朝天小学）

六年级教学设计

六年级上册（教科版）Module 4 "Past Experiences" Story time 教学设计

一、教学内容分析

本节课的课外阅读故事为"领先阅读 X 计划"系列读物学生包 3 中的 *The Birthday Cake*。该系列读物由外语教学与研究出版社于 2012 年 4 月出版，根据学生的认知规律，通过体裁丰富的故事循序渐进地把学生带进英语阅读的奇妙世界。本节课选用的故事适合作为没有绘本阅读经验的学生在教科版英语教材六年级上册 Module 4"Past Experiences"课堂拓展中的阅读材料。

二、学生情况分析

学生没有任何英语原版绘本的阅读经验，经过五年多的教科版英语教材学习，他们具备了一定的词汇解码能力，能运用自然拼读法解决有发音规律的新单词的读音问题。

三、教学目标

（一）语言知识目标

（1）了解书的封面、书名、作者和绘图者。

（2）理解并认读绘本中的单词和短语：crisps、jelly、rolls、onto、took、had、jumped over、landed、surprise、got a surprise、got up、a slice of。

（3）理解并认读重点句型"They jumped in/on/over…"。

（二）语言技能目标

（1）在教师的帮助和图片的提示下，正确理解故事大意和关键信息。

（2）正确地跟读、朗读故事。

（3）在教师的引领下，简单分析故事人物与情节，并对故事不合理的地方提出质疑。

（三）学习策略目标

（1）运用 Phonics 拼读新单词。

（2）通过插图和上下文猜测词义和句义。

（3）通过插图、文章线索、重复的句式和已有的知识经验，预测、推测故事的发展和结局。

（4）通过与教师共同完成故事地图，培养归纳能力和复述故事的能力。

（四）情感态度目标

（1）爱读乐读，保持对英语阅读的兴趣，培养英语阅读习惯。

（2）通过故事学习，认识到如何建立和谐的朋友关系。

（五）文化意识目标

了解西方国家的生日庆祝活动，尊重和接纳不同民族的生活文化习俗。

四、教学重难点

（1）正确地朗读故事。

（2）在教师的引领下，简单分析故事人物与情节，并对故事中不合理的地方提出质疑。

五、教学策略

（1）通过设置悬念与提问，激发学生的学习兴趣，激活已有的知识与经验。

（2）引导学生运用自然拼读法拼读新单词并在情境中猜测词义，加大语言输入量。

（3）巧妙设问，引导学生对故事的发展进行预测，理解与构建故事。

（4）互动构建，引导学生回忆、复述故事。

（5）引导学生对故事内容进行质疑，发展思维能力。

六、教学准备

课件、绘本、自制教具。

七、教学过程

步骤	教学活动	设计意图	设计原则
Ⅰ. Raising concern（引起关注）	Chant fun	通过欢快、节奏感强烈的咏唱活动，轻松突破动词过去式发音规律的难点，提高学生在阅读时对词汇的解码能力	趣味性原则 目的性原则 针对性原则
Ⅱ. Learning（学习新知）	1. Watch a video about birthday party and answer some questions 2. Talk about the cover	1. 通过生动的短片激发学生已有的知识储备，巧妙设疑引出故事主题，引起学生阅读的兴趣 2. 了解封面、书名、作者和绘图者，建立文本意识	
	3. Picture tour	教师通过图片环游、设问、猜测、预测、运用自然拼读法自主拼读新单词等活动，让故事在师生互动中自然生成，培养学生推理、分析的能力和说话的逻辑性，丰富学生的知识储备，加深他们对故事内容理解的同时培养他们的观察力与想象力	趣味性原则 目的性原则 情境性原则 交际性原则
Ⅲ. Preparing to report（准备发表）	1. Read by themselves 2. Work in groups and prepare to report	给予学生充足的自主阅读和小组活动时间，为下一步的展示做好准备	情境性原则 趣味性原则 合作性原则
Ⅳ. Reporting（发表汇报）	1. Retelling and blackboard writing	与学生共同建构故事地图，帮助学生梳理、回忆故事内容	运用性原则 情境性原则 合作性原则
	2. Talk about the story	给学生抒发读后感受和简单分析故事的机会，并培养学生的批判性思维	运用性原则 批判性原则
Homework	1. Tell the story to your family 2. Put your record of the story on the WeChat group of your class	把阅读延伸到课后，分享阅读的成果与愉悦	复现性原则 运用性原则

八、板书设计

The Birthday Cake

Alex Lane

It was … 's birthday.
… and … wanted to
… him.

… got a … !
They all had some …

got up onto

landed in played on

jumped in

jumped over

jumped on

（黎雪君，广东第二师范学院番禺附属小学）

六年级上册（教科版）Unit 9 "Was I a Good Girl Back Then?" 教学设计

一、教学内容分析

本节课是 Module 5 "Changes" Unit 9 "Was I a Good Girl Back Then?" 的第一课时。Unit 9 侧重的是人在成长过程中的变化，语言重点是一般过去时与一般现在时的比较，内容十分贴近学生的现实生活。本节课的主要学习任务是学生掌握课本第 50～51 页 Let's talk 部分的课文及单词、句型等内容，用英语说出自己的外貌、性格、爱好、能力等方面的变化。在三年级上册 Module 4 "Family"、三年级下册 Module 5 "Relatives" 和四年级下册 Module 1 "People" 中，学生学习过关于描述人物的形容词。在四年级下册 Module 4 "Activities"、Module 5 "Sports" 和五年级上册 Module 1 "Hobbies" 中，学生学习过描述活动、运动及爱好的动词短语。在四年级上册 Module 6 "Occupations" 中，学生学习过关于职业理想的表达。本节课教学将充分利用学生已有的知识和体验，结合已学过的外貌、爱好、活动、能力等知识，将新旧知识整合在一起，丰富本节课的教学内容，提高学生应用语言的能力，培养学生学习英语的语言能力、文化意识、思维品质和学习能力，即学科核心素养。

二、学生情况分析

六年级学生的学习兴趣浓厚，探究知识的欲望强烈，思维活跃，爱表现，在小学阶段的英语学习中有一定的语言积累。本节课的背景是在日常教学中不断渗透和锻炼学生连贯说话的能力，提高学生的综合语言运用能力。在语言知识储备上，他们具有一定的语言表达能力，如使用关于外表、性格的形容词及关于兴趣爱好的动词短语等进行表达的能力。

三、教学目标

（一）语言知识目标

（1）掌握"四会"单词及短语：polite、fat、cry、back then。

（2）掌握"三会"单词及短语：surf、Internet、surf the Internet。

（3）理解本课所学的句型：

Before I…，but now I…

When I was…，I…，but now I…

I liked…before，but now I like…

（4）用简单的语言介绍自己在外貌、性格、爱好、能力等方面的变化。

（二）语言技能目标

（1）通过 Phonics 拼读本课的新单词。

（2）运用本课所学的句型：

Before I…，but now I…

When I was…，I…，but now I…

I liked…before，but now I like…

（3）流利地朗读课文并尝试复述。

（4）将新旧知识相结合，用连贯的语言介绍自己在外貌、性格、爱好、能力等方面的变化。

（三）学习策略目标

（1）根据知识迁移、音素等方法记忆单词。

（2）联系实际生活，帮助学生深入理解本模块的主题。

（3）在英语会话中正确理解并运用所学的知识。

（四）情感态度目标

（1）通过本节课的学习，积极参与课堂教学活动，积极与他人开展口语交际，增强学习英语的兴趣和自信心。

（2）通过完成课堂的学习任务，向学生渗透享受过去的快乐时光、展望美好的未来、每天都努力付出的情感教育。

（五）文化意识目标

通过让学生思考关于本模块主题的相关内容，掌握谈论该主题所使用的语法知识，让学生懂得如何使用英语正确表达自己的变化。

四、教学重难点

（1）理解并运用句型：

Before I…，but now I…

When I was…，I…，but now I…

I liked…before，but now I like…

（2）理解与流利地朗读课文对话。

（3）将语言知识运用于较真实自然的情境中，尝试连贯地描述自己在外貌、性格、爱好、能力等方面的变化。

（4）理解并运用新学的短语 back then。

（5）正确使用一般过去时与一般现在时，表达自己在外貌、性格、爱好、能力等方面的变化。

五、教学策略

（1）利用课件、图片等资源辅助教学，让学生掌握单词的音、形、义和句型的运用。

（2）联系实际生活，利用听读方式对学生进行语言输入，使所学的内容生活化、情境化。

（3）通过课堂活动，让学生体验到学习英语的乐趣和运用语言的成就感。

六、教学准备

课件、卡片等。

七、教学过程

步骤	教学活动	设计意图	设计原则
Ⅰ. Raising concern （引起关注）	1. Free talk 2. Let's chant	师生交流互动，让学生轻松愉快地进入课堂学习，教师自编动感十足的小诗拉近与异地学生的距离，小诗是关于教师的变化的，渗透描写变化的句子，为后面的教学做铺垫	趣味性原则 目的性原则 针对性原则 复现性原则
Ⅱ. Learning （学习新知）	1. 观看视频，引导学生感知并了解本模块话题"Changes"，引出本课话题"Changes of people"	教师自制视频，学生通过图片、声音、视频等多媒体途径，直观形象地感知本模块话题，并由此缩小话题目标，引出本课话题"Changes of people"。通过视频介绍本课话题的背景，引起学生的关注，增强他们的求知欲，意图体现和培养学生的英语核心素养（文化意识）	趣味性原则 目的性原则
	2. 出示名人小时候的照片，引出名人小时候与长大后的照片对比，学习、感知句型"Before…, but now…/When…, but now…"，利用Phonics的方法学习并操练新单词及短语 polite、fat、cry、surf the Internet、back then	让学生猜测照片里的人物，通过名人照片引出小时候与长大后的人物变化，意图培养学生分析、推理、判断等英语核心素养（思维品质）；并在逐幅照片中集中学习单词、词组，用以旧引新的方式引出新单词，降低学习新单词的难度，结合本校科组的个人课题"Phonics融入小学英语词汇教学的研究"，用Phonics引导学生学习新单词，便于学生快速拼读、记忆单词，进行多种形式的操练，提高课堂的时效性	趣味性原则 目的性原则 情境性原则

（续上表）

步骤	教学活动	设计意图	设计原则
Ⅱ．Learning（学习新知）	3．总结描写变化的句子，并归纳时态	让学生加深对重点句型的理解，解决难点，正确使用一般过去时与一般现在时，表达自己在外貌、性格、爱好、能力等方面的变化	目的性原则针对性原则运用性原则
	4．出示课本人物 Xiaoling 小时候与现在的照片并对比，引出课文内容学习（1）带着问题观看"金太阳"教学软件视频，感知课文大意（2）听课文录音，画出问题的关键句并回答问题（3）模仿录音跟读课文，齐读课文（4）挖空填词，小组角色扮演（5）完成表格，复述课文大意（6）Pair work：根据课本词条练习句型	通过多种形式听、读课文，让学生理解并流利地朗读课文内容，尝试挖空内容背诵课文。注重引导学生在朗读前增加听力输入，充分利用高年级学生的学习特点、心理特点等提高学生的学习关注度，增强学生的求知欲，培养学生听、说、读的能力。经过多环节的朗读，再根据课本第51页的词条内容，同位练习句型说话，提高学生的英语核心素养（语言能力和学习能力），为下一环节的语言输出做铺垫	趣味性原则目的性原则
Ⅲ．Preparing to report（准备发表）	1．总结描写自己变化的句子，板书时使用第一人称	课文内容是描写自己的变化，引入的时候使用第三人称，现过渡到第一人称，为后面的写作做铺垫	情境性原则趣味性原则运用性原则
	2．利用思维导图总结话题相关的内容	通过板书思维导图，让学生思考关于"变化"的相关内容，培养学生分析、推理、判断、总结等英语核心素养（思维品质和学习能力）	
	3．教师出示自制相册，引导学生用语言连贯地表达自己的变化	利用多媒体辅助自制相册，用连贯的英语给予学生示范，感知连贯表达自己多方面的变化，为学生写作做铺垫	

（续上表）

步骤	教学活动	设计意图	设计原则
Ⅲ．Preparing to report（准备发表）	4．布置学生填写毕业纪念卡，写下自己六年中最大的变化。先小组讨论，学生利用新旧知识连贯表达自己在外貌、性格、爱好、能力等方面的变化，然后完成写作	通过新旧知识的有效整合，引导学生连贯说话，丰富表达自己变化的语言，将语言知识尽可能运用到真实自然的情境中。最后将本课所学的语言运用到填写毕业纪念卡中，提高学生的综合语言运用能力，体现语用目标，提高学生的英语核心素养	情境性原则 趣味性原则 运用性原则
Ⅳ．Reporting（发表汇报）	学生展示、分享写作成果，并当场拍照留念	学生展示自己的写作成果，使所学的内容生活化、情境化，并在课堂中体验学习英语的乐趣和运用语言的成就感	运用性原则 交际性原则
Homework	1．Remember the new words and recite the dialogue 2．Finish the commemorative card, put a photo on it, share the card with your friends	让学生把课堂的内容延伸到课后，在课堂口语连贯表达的基础上，过渡到写作	复现性原则 运用性原则 交际性原则

八、板书设计

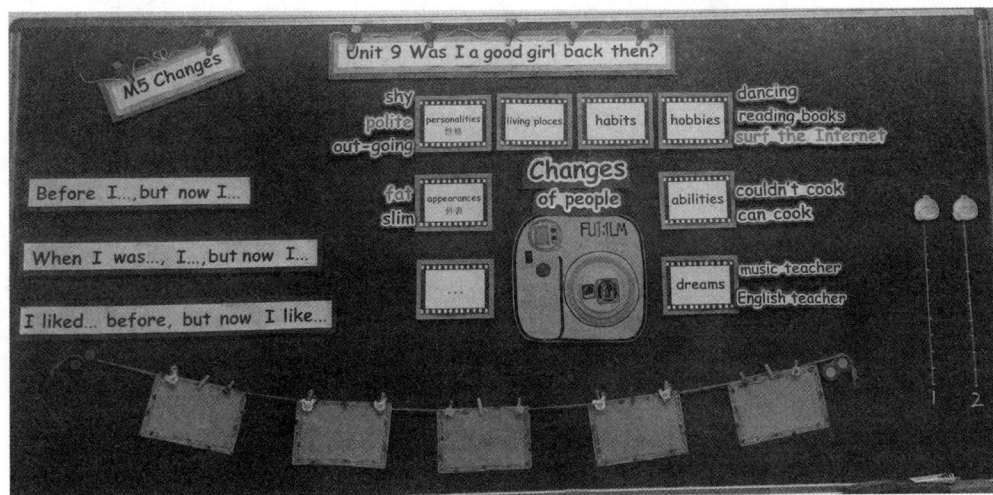

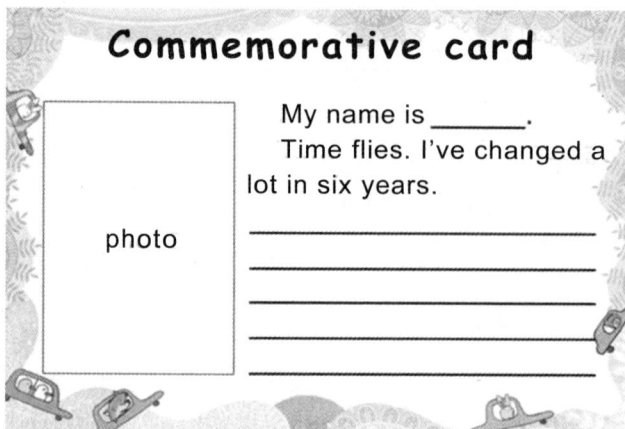

（邝健云，广州市海珠区第二实验小学）

六年级上册（教科版）Unit 10 "Then and Now" 教学设计

一、教学内容分析

本节课是 Module 5 "Changes" 的第四课时，主要学习内容是 Unit 10 的课文，该文对比叙述了 Ben 三年前和现在的学习生活。课文篇幅比较长，句子也比较长，教师可以将课文内容划分为居住、工作、娱乐、学校、家庭这几个部分，引导学生提炼信息——找出三年前生活和现在生活的关键词，再运用本课句型对比复述 Ben 三年前和现在的学习生活变化，结合学生的实际谈谈今昔生活的变化。

二、学生情况分析

对于本班学生来说，本课的课文句子比较长，运用句子来对比以前与现在涉及的两种时态，流利表达比较有难度。

三、教学目标

（一）语用目标

通过学习关于叙述 Ben 三年前和现在的学习生活的课文，学习从课文中提炼信息并理解课文内容，正确朗读课文，借助关键词复述课文，结合实际谈谈今昔生活的变化。

（二）知识与技能目标

（1）掌握 Unit 10 的"三会"词汇。

（2）初步理解和运用 Let's read 部分中的句型，对比现在和以前的生活。

（3）初步理解课文，并用正确的语音、语调朗读课文。

（4）初步运用主要句型，从居住、工作、娱乐、学校、家庭这几个方面对比今昔生活。

（三）学习策略目标

（1）学会在小组中合作学习，积极与他人共同完成学习任务。

（2）学会运用所学的内容，积极参与实践，敢于大胆地用英语思考和回答问题，介绍自己的生活经验。

（四）情感态度目标

通过谈论和分享自己与他人的生活变化以及地方发展，从中感受到成长的乐趣和发展的美好，重视把握今天。

（五）文化意识目标

简单了解英国的乡村生活。

四、教学重难点

（1）用正确的语音、语调朗读课文。

（2）初步运用主要句型，对比今昔生活。

五、教学策略

通过把课文内容划分为居住、工作、娱乐、学校、家庭这几个部分，引导学生提炼信息——找出三年前生活和现在生活的关键词，再运用本课句型对比复述 Ben 三年前和现在的学习生活变化，循序渐进地结合实际谈谈今昔生活的变化。

六、教学准备

课件、单词图片、"金太阳"教学软件。

七、教学过程

步骤	教学活动	设计意图	设计原则
Ⅰ. Raising concern（引起关注）	1. Greeting 2. Sing a song：*My Childhood* 3. Stand up and say the past forms 4. Review the sentences：I was short before，but now I am tall	通过师生交谈和唱歌，激发学生学习的兴趣，让学生更快地进入英语学习的状态，通过说过去式活动，让学生复习动词过去式，为本节课的学习做好充分的准备	趣味性原则 目的性原则 针对性原则 复现性原则
Ⅱ. Learning（学习新知）	1. Leading in the topic：many years ago and now Learn "ago" Learn the sentences "There was… There were…"	引出话题对比过去与现在，学习关键的新单词和句型，为整体学习课文做好准备	趣味性原则 目的性原则
	2. Presentation 1：watch the video and choose the best answer	选择最佳的答案引导学生整体把握课文大意	趣味性原则 目的性原则 情境性原则
	3. Presentation 2：read the text and learn the new words	通过指图学新单词，不割裂知识，在完整的语境下学习新单词	目的性原则 针对性原则 运用性原则
	4. Read the text together and answer two questions	在朗读中理解课文	趣味性原则 目的性原则
Ⅲ. Preparing to report（准备发表）	1. 归纳课文讲了哪几个部分内容	归纳课文内容	情境性原则 趣味性原则 运用性原则
	2. Read the text with the teacher and fill in the table with the keywords	加强朗读，合作提炼课文信息，为复述课文做准备	
	3. Read the text in groups and fill in the table with the keywords		

（续上表）

步骤	教学活动	设计意图	设计原则
Ⅳ. Reporting（发表汇报）	1. Retell the text：Changes in Ben's life 2. Do you like the changes in Ben's life? Why? 3. Watch and think：The life of Conghua	1. 检查学生对课文的理解程度和语言输出效果 2. 激发学生进行深层次思考，促使学生运用所学的语言表达自己的想法 3. 观看从化生活变化的图片与介绍，引发学生联系自己的生活实际变化、运用所学的知识进行表达	运用性原则 交际性原则
Homework	1. 跟读 Unit 10 的单词、课文并抄写 Unit 10 的单词 2. 回顾课堂，写出书本第 57 页问题的答案 3. 与同伴一起收集、讨论学校的变化	巩固本课学习内容，为下一课时做好准备	复现性原则 运用性原则 交际性原则

八、板书设计

Module 5　Changes
Changes in my life

village	I had a toy car nine years ago.	ago
office	There was only one shop seven years ago.	most
department	There were many toys in my room.	nearby
store		

（李未，广州市从化区流溪小学；张颖，广州市黄埔区东荟花园小学）

六年级上册（教科版）Unit 11 "I Like the Spring Festival Best" 教学设计

一、教学内容分析

本单元 "I Like the Spring Festival Best" 是 Module 6 "Festivals" 的一个重要组成部分。该话题聚焦中国的传统节日，与学生的日常生活息息相关。从话题内容来看，本单元是对一至五年级所学内容的拓展与延伸，培养了学生的综合语言运用能力。通过对 month、weather、activities、food 等几个话题的学习，学生具备了谈论节日、天气、日常活动的能力。相关的词汇、句型、话题都为本单元学习做了良好的铺垫。本单元引入中国传统节日这一话题，注重学生对传统文化的感知与体验，通过语言学习拓宽学生的视野，培养学生的综合素养。

二、学生情况分析

六年级学生能够就熟悉的话题在日常交际情境中听懂对话、交流信息，能够阅读简单的语篇，也具备基础的会话与自主创编写作能力。经过了五年的英语在校学习之后，学生对关于特殊节日、天气情况和日常活动等相关话题有较为扎实的知识储备，能够表达天气情况和节日活动情况，对于节日的文化背景也有一定的了解。

学生已知：

（1）词汇和短语：

①月份：January、February、March、April、May 等。

②天气：cold、hot、cool、warm、windy 等。

③日常活动：visit friends、eat fish、watch the beautiful moon、have a big dinner 等。

（2）句型：

①When is…? It's in…

②What is the weather like?

③What do people do?

④What do people usually eat on the…Festival?

三、教学目标

（一）语言知识目标

（1）正确认读本课的核心短语：Spring Festival、Mid-Autumn Festival、

Chongyang Festival、Dragon Boat Festival、watch dragon boat races。

（2）用所学的句型"When is…? What is the weather like? What do people eat? What do people do?"介绍中国的传统节日。

（3）用英语介绍中国的传统节日和节日习俗，以及寓意。

（二）语言技能目标

（1）积极参与课堂活动，与其他同学配合合作学习，完成思维导图。

（2）根据问题在听和读的过程中获取信息，根据要求组织语言表达自己的观点。

（三）学习策略目标

（1）通过合作学习，制作思维导图，了解中国的传统节日和节日风俗。

（2）培养自主思考创造的能力。

（四）情感态度目标

（1）思考重阳节的意义，提倡尊敬老人。

（2）在对话语境中逐步感受到中国传统文化的博大精深。

（五）文化意识目标

了解中国传统节日以及节日的文化背景。

四、教学重难点

学生根据思维导图，用已学的句型"When is…? What is the weather like? What do people eat? What do people do?"介绍传统节日的时间、天气、特色食物、特殊活动。

五、教学策略

（1）利用思维导图，激发学生的旧知，带动新知。

（2）让学生进行小组合作学习，促进小组合作与交流。

六、教学准备

课件、板书、worksheet。

七、教学过程

步骤	教学活动	设计意图	设计原则
Ⅰ. Raising concern（引起关注）	1. Greetings 2. Assessment introduction 3. Game：Sharp eyes	1. 师生互相认识 2. 介绍课堂评价制度有助于控制课堂纪律，激励学生的积极性 3. 通过游戏让学生放松，更快地投入课堂	趣味性原则 目的性原则 针对性原则 复现性原则
Ⅱ. Learning（学习新知）	1. Watch a video and catch the festivals in different months 2. Finish the first mind map	Module 6 的主题是"Festivals"，视频重新激活学生已知的 festivals，并感知新的 festivals	趣味性原则 目的性原则 自主性原则 交际性原则
	3. Watch a video and find out the most important festival in China 4. Talk about the Spring Festival and make a mind map 5. Learn more about the Spring Festival	1. 视频有助于学生直观地了解中国最重要的节日 2. 思维导图设计帮助学生逐渐了解春节的相关知识 3. 了解春节相关文化背景，帮助学生从较深层次了解春节的习俗和寓意	趣味性原则 目的性原则 情境性原则 真实性原则 交际性原则
	6. Look at a picture of dragon and guess the festival 7. Talk about the Dragon Boat Festival and make a mind map	1. 图片有助于学生直观地了解中国的传统节日——端午节 2. 思维导图设计帮助学生逐渐了解端午节的相关知识 3. 了解端午节相关文化背景，帮助学生从较深层次了解端午节的习俗和寓意	目的性原则 针对性原则 运用性原则 交际性原则
	8. Look at a picture of Chang'e and guess the festival 9. Talk about the Mid-Autumn Festival and make a mind map	1. 图片有助于学生直观地了解中国的传统节日——中秋节 2. 思维导图设计帮助学生逐渐了解中秋节的相关知识 3. 了解中秋节相关文化背景，帮助学生从较深的层次了解中秋节的习俗和寓意	趣味性原则 目的性原则 情境性原则 真实性原则 交际性原则

（续上表）

步骤	教学活动	设计意图	设计原则
Ⅱ. Learning（学习新知）	10. Read a poem and guess the festival 11. Talk about the Chongyang Festival and make a mind map	1. 图片有助于学生直观地了解中国的传统节日——重阳节 2. 思维导图设计帮助学生逐渐了解重阳节的相关知识 3. 了解重阳节相关文化背景，帮助学生从较深层次了解重阳节的习俗和寓意	趣味性原则 目的性原则 情境性原则 真实性原则 交际性原则
	12. Game：Super guesser	通过游戏帮助学生巩固三个短语：have a big dinner、give children lucky money、Dragon Boat Festival	趣味性原则 目的性原则
	13. Game：Read and guess	在前面听说熟习的基础上，通过游戏强化学生的认读能力	
Ⅲ. Preparing to report（准备发表）	Pair work： 1. Make a mind map	通过选择，制作自己最喜爱的节日的思维导图，学生可以体验并感悟最喜爱的节日，为学生应用本课短语和句型做好准备	情境性原则 趣味性原则 运用性原则
	2. Try to make a dialogue according to their own mind map	用自己制作的思维导图谈论节日，让学生有真实的语境谈论自己喜爱的节日	
Ⅳ. Reporting（发表汇报）	1. Look at the mind map and show the dialogue 2. Talk and share（Optional）	通过展示，培养学生自信的心态	运用性原则 交际性原则
Homework	Necessary for everyone： Watch, listen and read P62－63 You can choose： 1. Make a mind map 2. Oral English：introduce your favourite festival, then send your voice to WeChat	通过分层作业，全方位地锻炼学生的综合语言运用能力	复现性原则 运用性原则 交际性原则

（黄志敏，佛山市顺德区西山小学；吴超，深圳市莲南小学）

六年级下册（教科版）Module 3　"Famous People"
复习课教学设计

一、教学内容分析

本节课是六年级下册 Module 3 的复习课，学生已学完本模块谈论名人的词汇及句型。本节课主要围绕"my favourite famous person"复习本模块的短语及句型，并链接与复习以前学过的描述人物的相关词汇及句型，在话题教学模式下逐步达到教学目标。本节课主要利用思维导图，激发学生原有的语言储备，使新旧知识相结合，最后能够根据思维导图介绍自己喜欢的名人。教学中围绕学生喜爱的名人话题，创设真实的情境，一方面激发学生的学习兴趣，另一方面使英语与生活实际相联系，给学生提供运用语言的机会。

二、学生情况分析

六年级学生已学完 Module 3 "Famous People"，对名人已有一定的了解，并具备一定的语言基础。通过本节课语言篇章的听、说、读、写训练，能够提高学生的综合语言运用能力。

三、教学目标

（一）语言知识目标
复习与链接描述人的相关词汇、句型和篇章。

（二）语言技能目标
根据思维导图向他人描述自己喜欢的名人并说明原因。

（三）学习策略目标
通过思维导图学习如何描述自己喜欢的名人。

（四）情感态度目标
在交际中表达欣赏和赞美。

（五）文化意识目标
了解中西方名人及其事件。

四、教学重难点

描述人物。

五、教学策略

根据小学英语 RLPR 话题教学模式，寻找贴近学生生活的话题，利用思维导图，引导学生学习如何描述名人。

六、教学准备

课件、音频等。

七、教学过程

步骤	教学活动	设计意图	设计原则
Ⅰ．Raising concern（引起关注）	1. Talk about the famous people in Module 3	复习课本中的名人及其事件，为本节课做铺垫	复现性原则 目的性原则 趣味性原则 针对性原则
	2. Play a guessing game	通过猜谜游戏，一方面，消除师生间的紧张感，活跃课堂的气氛；另一方面，迅速引起学生的关注，吸引学生的注意力，提高学习兴趣。同时，通过句子的呈现，由短到长，由句到篇，不断滚动，复习描述人物的相关句型，了解名人的主要信息，为后面的输出做准备	
Ⅱ．Linking（链接）	1. Summarize 以猜谜游戏的最后篇章为例，让学生观察并小结可以从哪几个方面介绍名人信息	基于英语核心素养的教学观，引导学生学会观察和归纳，培养学生的思维品质	指导性原则 针对性原则 复现性原则 目的性原则
	2. Make a mind map 教师以思维导图的形式总结描述名人的几个要素，并让学生回忆与链接已学的相关词汇	以思维导图的形式进行总结，教会学生学习的方法和思路。同时进行滚动教学，链接与复习已学的相关词汇	
Ⅲ．Preparing to report（准备发表）	1. Give the model 教师引导学生根据思维导图口头描述名人	为学生口头描述做好示范	目的性原则 情境性原则

（续上表）

步骤	教学活动	设计意图	设计原则
Ⅲ. Preparing to report（准备发表）	2. Introduce the famous people according to the mind map 学生根据思维导图介绍名人	以思维导图为主线，学习谈论名人。给予充分的时间保证每个学生都有说的时间和机会	目的性原则 针对性原则 运用性原则 指导性原则
	3. Know more famous persons Read and fill in the mind map 学生根据自己的选择阅读相应的文章并完成思维导图（每小组四篇）	1. 教师发放给四人小组四篇关于不同行业的名人的阅读材料，让学生任选一篇进行阅读，运用所学的知识描述名人的几要素，完成思维导图，并通过思维图口头描述阅读材料中的名人信息及其事件，形成信息差 2. 通过阅读，一方面，让学生认识并了解更多的名人；另一方面，丰富学生的语言知识，为学生的语言输出做好准备。同时，阅读材料也是一篇写作范文，为学生的语言输出减少困难，为汇报做准备	目的性原则 情境性原则 针对性原则 多样性原则 指导性原则
Ⅳ. Reporting（发表汇报）	1. Introduce your favourite famous person	根据思维导图口头描述，与前后桌同学分享自己喜欢的名人，为书面写作做准备	运用性原则 交际性原则
	2. Introduce your favourite famous person on the paper 3. Report	鼓励学生运用所学的语言谈论自己喜爱的名人，给学生提供运用语言的机会	情境性原则 运用性原则
Homework	1. 将课堂上所写的名人介绍跟家人及更多的同学分享（必做） 2. 搜集更多名人的故事（可查阅书籍资料或上网搜寻资料），并与同伴分享（选做）	让学生把课堂的内容延伸到课后	复现性原则 运用性原则 交际性原则

八、板书设计

My Favourite Famous Person

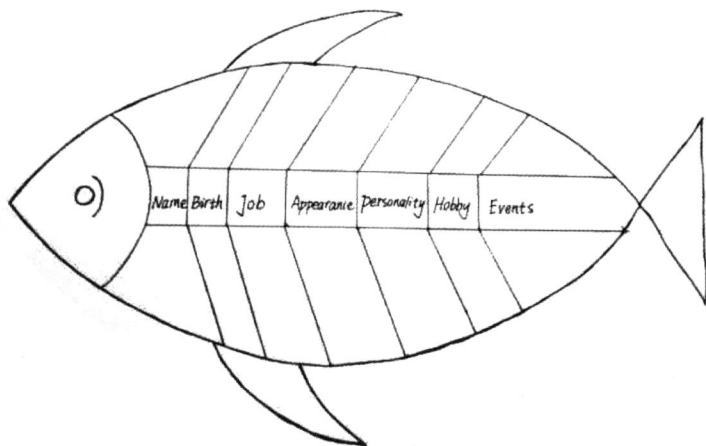

Name | Birth | Job | Appearance | Personality | Hobby | Events

（高小兰，深圳市龙华区教育科学研究院附属小学）

六年级下册（教科版）Unit 8 "The Magic Words" 教学设计

一、教学内容分析

Module 4 "Good manners" 话题是整个小学阶段里第一次出现的话题，但非常生活化。在学习了 Unit 7 之后，学生基本上能够了解和谈论生活中存在的礼貌和不礼貌的行为，并用 should、should always 和 shouldn't 来对别人进行规劝，应该有哪些礼貌的行为和不应该有哪些不礼貌的行为。本节课是 Unit 8 的第一课时，学生将会通过学习有关 magic words 的故事，明白使用礼貌用语的重要性。同时，在教师的引导下，学生将会学习较多与故事相关的新单词，理解故事大意，并朗读和复述故事。

二、学生情况分析

六年级属于高年级阶段，学生有较好的英语学习基础和习惯。在学习了本模块 Unit 7 的内容之后，学生基本能分辨日常生活中礼貌和不礼貌的行为，明白礼貌行为的重要性，为学习 Unit 8 的故事奠定了一定的基础。sign 在 Unit 7 的活动手册中已学习，brought 在上学期的不规则动词表已学习，故这两个单词不作为本节课的新单词。

三、教学目标

（一）语言知识目标
（1）词汇与词组：

①听、说、读以下单词和短语：magic、word、none、upset、bottom、inside、dark、brightly、lead、ever、except for、carry on、light up。

②学习一组动词词组原形和过去式：light up—lit up。

（2）掌握下列句子：

Please.

Thank you.

（二）语言技能目标
（1）听、说、读理解本节课学习的单词和短语。

（2）通过学习故事，复习一般过去时。

（3）朗读和复述故事。

（三）学习策略目标
通过 individual work、pair work 和 group work 完成本节课的学习。

（四）情感态度目标
（1）敢于开口用英语交流，更好地进行小组合作，互相帮助，完成学习任务。

（2）进行社会文明公德教育，启发并培养学生使用文明语言的良好习惯。

四、教学重难点

（1）通过学习本课，熟读本课单词和理解故事的意思，并流利地朗读故事。

（2）理解故事中结构较复杂、比较长的句子。

五、教学策略

（1）在课堂教学中运用多种任务驱动，提高学生的学习兴趣。

（2）创设不同的情境让学生主动说英语，培养学生的英语思维品质。

（3）进行小组分组学习，促进小组合作与交流。

六、教学准备

课件、电脑、板书。

七、教学过程

步骤	教学活动	设计意图	设计原则
Ⅰ. Raising concern（引起关注）	Watch the video and answer the question	让学生带着问题观看视频，能引起学生的关注，激发学生的学习兴趣，做好上课的心理准备	趣味性原则 目的性原则 针对性原则 复现性原则
Ⅱ. Learning（学习新知）	1. Ask the question	教师继续提出问题，激发学生学习的兴趣和对文本进行探索的欲望	趣味性原则 目的性原则
	2. Order the pictures in pairs	学生在体验中初步感知本节课的学习要点，整体感知语篇的内容	趣味性原则 目的性原则 情境性原则
	3. Look at the pictures and listen to the tape, then check	学生在预测的基础上进行听力训练，能使学生更加有意识地听，培养学生的听力技巧，初步体验学习的成就感	目的性原则 针对性原则
	4. Learn the new words and some phrases about the passage	在整体理解课文内容的基础上先让学生自己尝试学习新单词，然后全班同学学习新单词和短语，为下一步的阅读扫清障碍，让学生再次感受学习的成就感	趣味性原则 目的性原则 针对性原则 运用性原则
	5. Finish the exercises on P45	检验学生是否掌握课文的内容	目的性原则 针对性原则 运用性原则
Ⅲ. Preparing to report（准备发表）	1. Read after the tape	跟读课文，培养学生正确的语音、语调	情境性原则 趣味性原则 运用性原则
	2. Read in groups	小组合作朗读课文，再次熟悉课文内容	

（续上表）

步骤	教学活动	设计意图	设计原则
Ⅲ. Preparing to report （准备发表）	3. Ask pupils to read	学生个人朗读，培养学生的专注力和检验学生的语音、语调	情境性原则 趣味性原则 运用性原则
Ⅳ. Reporting （发表汇报）	Try to retell the story by the keywords	检验学生是否掌握课文的内容	运用性原则 交际性原则
Homework	1. Read Unit 8 2. Finish workbook on P37	巩固课内所学的内容	复现性原则 运用性原则 交际性原则

八、板书设计

Unit 8   The Magic Words

magic	word
bottom：at the bottom of	inside
dark	light up
brightly	none
upset：unhappy，sad	except for：only
carry on：keep doing	lead
ever	

（刘婵兴，广州市海珠区赤岗小学）

六年级下册（教科版）Unit 9 "Where Will You Go?" 教学设计

一、教学内容分析

本单元的话题关于旅游、国家的名胜和首都等。本节课是 Module 5 "Travel Abroad" Unit 9 "Where Will You Go?" 的第一课时，课型为新授课，但难度不大，学生容易掌握。该话题内容包含如何表达喜欢的国外旅游地以及喜欢的原因，课本提及的国家的名胜、首都等。学生对该话题感到比较新鲜，也比较感兴趣。因此，在教学设计上采用情境引入、在语境中学习和解决对话的重难点的教学策略，注重培养学生的提问意识，最后引导学生发表汇报所学的知识。

二、学生情况分析

本节课的教学对象是六年级学生，他们已掌握一般将来时的知识，但对于国外旅游和课文提及的国家不一定有实际经历，所以采用从国内旅游引入，继而引申到国外旅游，在课堂上采用由词到句再到篇、逐层递进的教学原则。通过情境引入、语境体验、分角色朗读、小组分享等形式让学生乐于开口说英语，积极参与各种教学活动，达到运用英语进行交际的目的。

三、教学目标

（一）语言知识目标
（1）掌握"四会"单词和短语：abroad、nature、choose、opera、bridge、Japan、France、capital、South Africa。

（2）掌握旅游话题的句型：

If you can travel to any country in the world，where will you go?

I think I will…/I want to go to…/I will choose…

If I can travel abroad，I will…

（3）掌握表达喜爱某个旅游地的原因的句型：

It's…/I love…/I can…/I'd like to…

（二）语言技能目标
（1）流利地朗读对话。

（2）运用下面的句子谈论国外旅游：

If you can travel to any country in the world，where will you go?

I think I will…/I want to go to…/I will choose…

If I can travel abroad，I will…

It's…/I love…/I can…/I'd like to…

（3）运用所学的知识与同学分享自己的旅游愿望。

（三）学习策略目标
（1）通过情境引入、语境体验，激发学习兴趣。

（2）通过参与课堂各种活动，提高语言交际能力。

（四）情感态度目标
（1）通过小组活动，培养合作意识，学会与人交往。

（2）通过对本课内容的学习，学会用英语表达想去某个旅游地的愿望，并分享喜爱的原因。

（五）文化意识目标

（1）让学生体验不同国家的美丽与特别之处。

（2）让学生知道应该尊重不同国家的风俗习惯。

四、教学重难点

（一）教学重点

掌握本课的"四会"单词并就旅游的话题进行对话。

（二）教学难点

运用本课的句型来表达想去某个旅游地的愿望，并分享喜爱的原因。

五、教学准备

课件、板书、电脑。

六、教学过程

步骤	教学活动	设计意图	设计原则
Ⅰ. Raising concern（引起关注）	Free talk Do you like travelling? If you can travel to any city in China, where will you go?	通过问题引起学生的关注，激发兴趣，复习旧知，为本课的课题做铺垫	趣味性原则 目的性原则 针对性原则 复现性原则
Ⅱ. Learning（学习新知）	1. Lead-in From free talk, review how to tell others about where you will go, and the reasons. Using those sentences to tell others where you will go: I will…/I want to go to…/I will choose…	通过 free talk 来复习如何表达想去的地方，并分享原因。通过旧句型来引出新的表达"I will choose…"，学习新单词 choose、capital	趣味性原则 目的性原则
	2. Set up a context The students make a wish to Aladdin Genie, then he will take them to the place they wish	通过创设阿拉丁神灯精灵完成学生愿望的情境，学生向精灵许愿，并用学过的句子组织愿望的内容，告诉精灵想去哪里及其原因。有趣的情境能激发学生运用新知识的兴趣。将所学的语言落实到情境中，体验语言的真实性、交际性和学习的成就感	趣味性原则 目的性原则 情境性原则

（续上表）

步骤	教学活动	设计意图	设计原则
Ⅱ. Learning（学习新知）	3. Practice in pairs or in groups One to be Genie, and one makes the wish. The students can use what they learn to talk about the wish	同桌或者小组操练，进一步巩固语言知识，将所学的语言落实到情境中操练。教师搭建支架，设计开放性的语言活动，引导学生提出问题，提高学生的学习关注度，为下一环节的语言输出做铺垫	目的性原则针对性原则
	4. Show four countries Learn the new words and know about the countries in four ways	让学生了解文中的四个国家，通过丰富的资料去真实感受异国风情，这样才能提高学生的学习关注度，增强他们的求知欲，并学习与国家城市、名胜相关的单词	趣味性原则目的性原则针对性原则运用性原则
	5. Watch the video, finish the table according to the dialogue	观看课文动画后，根据课文内容完成表格，把人物、想去的地方、原因梳理清楚，让学生更容易理解并记忆重点内容，解决教学重点	目的性原则针对性原则运用性原则
Ⅲ. Preparing to report（准备发表）	1. Read after the tape	再次整体感知课文，为发表汇报及语言的输出做铺垫	情境性原则趣味性原则运用性原则
	2. Read the dialogue in role	分角色朗读，激发兴趣，进一步巩固语言知识，为语言的输出做好准备	
	3. Fill in the blanks	检验学生的学习效果，为发表汇报做铺垫	
	4. Look at the table and fill in the blanks	将语言知识内化为自己的知识，达成学习目标	运用性原则
	5. Conclusion	学生总结今天所学的知识，如何表达想去的地方及其原因，逐步养成善于总结的好习惯	复现性原则运用性原则交际性原则
	6. Writing practice Use what you have learned to write a wish card to Genie	运用前面已经铺垫好的语言知识，形成书面表达，提高学生的书面表达能力	

（续上表）

步骤	教学活动	设计意图	设计原则
IV. Reporting（发表汇报）	Share the wish card	学会分享，达到语言输出的目的，形成语言意识	复现性原则运用性原则交际性原则
Homework	1. Copy and recite the new words2. Read and recite the dialogue3. Group workSearch the information of other countries in the world		

七、板书设计

Unit 9　Where Will You Go?

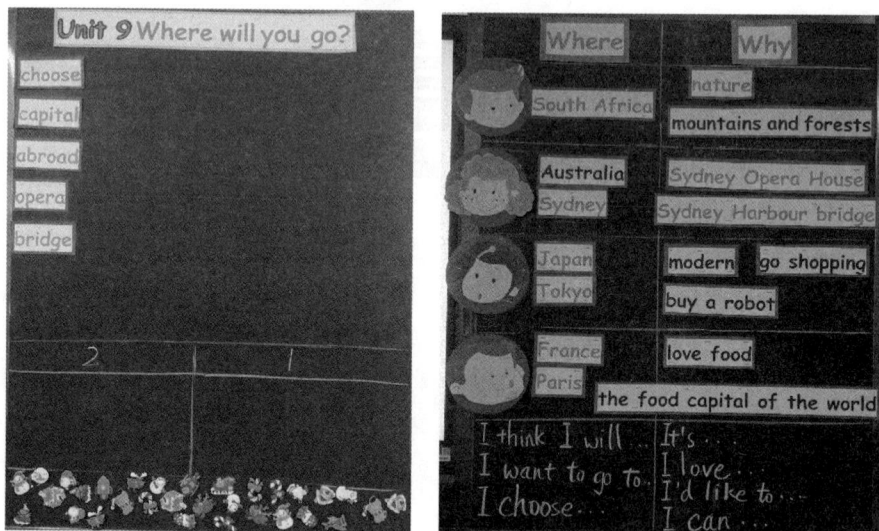

（邝健云，广州市海珠区第二实验小学）

六年级下册（教科版）Module 5 "Travel Abroad" 复习课教学设计

一、教学内容分析

本模块谈论出国旅游，话题很贴近学生的生活，也是比较容易令学生感兴趣和接受的教学内容。本节课是 Module 5 的复习课，是一节围绕旅游话题进行的任务式复习课。在此之前，学生已经掌握了中国、英国、美国、日本、加拿大、法国、新西兰、澳大利亚等国家的名称、首都的单词，并能辨识这些国家的国旗、典型建筑、代表性动物等。

二、学生情况分析

大部分学生能用"Where will you travel? I will go to…/I will choose…/I plan to…/I'd like to…"等句型讨论旅游计划或愿望。因此，通过视频欣赏、学生合作等教学手段，构建系统的知识框架和完整的语言情境及操练活动，激发并满足学生获取知识的欲望。

三、教学目标

（一）语言知识目标
（1）听、说、读不同国家的名称、首都、典型建筑、代表性动物等单词。
（2）运用句型：

The capital of…is…

…is famous for…

（二）语言技能目标
（1）在具体的语境中复习不同国家的名称、首都、国旗、典型建筑、代表性动物等知识。
（2）听懂别人的旅游喜好并推荐合适的国家或城市。
（3）阅读与课本难度相当的语篇，并完成相应的练习。
（4）运用所学的知识进行小组合作，培养学生的英语写作能力。

（三）情感态度目标
（1）通过设计不同的教学任务，培养学生运用英语做事情的综合能力。
（2）在教学活动中渗透礼仪教育，引导学生养成良好的行为习惯。

（四）学习策略目标
（1）通过互助合作，在教师的点拨下进一步加深对所学知识的理解，掌握学习内容并能用新旧知识的关联进行交流。

（2）通过在小组中积极与他人合作，共同完成学习任务，建立文明、和谐的同学关系，友善待人。

（五）文化意识目标

通过本课的学习，拓宽学生的视野，懂得文明出行。

四、教学重难点

（1）谈论自己的旅行计划。

（2）阅读并理解短文内容。

（3）根据所读的内容展开讨论并完成各项任务。

五、教学过程

步骤	教学活动	设计意图	设计原则
Ⅰ. Raising concern（引起关注）	Greeting and chant	活跃课堂气氛，为下面的环节做好铺垫	趣味性原则 目的性原则 针对性原则
Ⅱ. Learning（学习新知）	1. 课件呈现中国国旗、名胜、代表性动物等，让学生通过 free talk 的形式介绍国家的情况	开放形式的师生互动，激发学生的学习兴趣，拓展学生的思维	趣味性原则 目的性原则 针对性原则 情境性原则 运用性原则
	2. 小组分享：假如你要去外国旅游，你想去哪个国家？为什么？	小组分享，巩固重点词汇和句型，进行听力训练，提高学生的说的兴趣和听的专注度	整体性原则 目的性原则 情境性原则 针对性原则
	3. 某同学计划去新西兰，学生小组讨论出发之前这个同学应该做哪些准备	设置真实的情境，通过组织学生小组讨论再汇报，进行听力训练，拓展学生的课外知识和生活常识	趣味性原则 目的性原则 针对性原则 整体性原则 情境性原则 运用性原则
Ⅲ. Preparing to report（准备发表）	1. 阅读课文，完成表格，小结并板书谈论旅游计划时会涉及的主要内容	写作之前让学生理顺写作思路，为写作的顺利进行做好铺垫	目的性原则 针对性原则 整体性原则

（续上表）

步骤	教学活动	设计意图	设计原则
Ⅲ. Preparing to report（准备发表）	2. 模仿课文，写出自己的旅游计划	根据阅读材料，描述自己的旅游计划，进一步巩固语言知识，为语言的输出做好准备	目的性原则 针对性原则 整体性原则 运用性原则
Ⅳ. Reporting（发表汇报）	1. 与小组成员分享自己的旅游计划	学会分享，构建系统的知识框架、完整的语言情境及真实的语言环境，更能激发学生学习英语的内在动机，感受成功的喜悦	趣味性原则 目的性原则 针对性原则 交际性原则
	2. 小结制订旅游计划时应该注意的问题	整合旧版五年级下册"Rules"话题和六年级下册"Good manners"话题，使新旧知识融会贯通。提醒大家在旅游的过程中要注意安全，做一个文明的旅行者	整体性原则 目的性原则 针对性原则 交际性原则
Homework	调整自己的旅游计划		目的性原则 针对性原则

六、板书设计

Module 5 Travel Abroad

The capital of … is …

… is famous for …

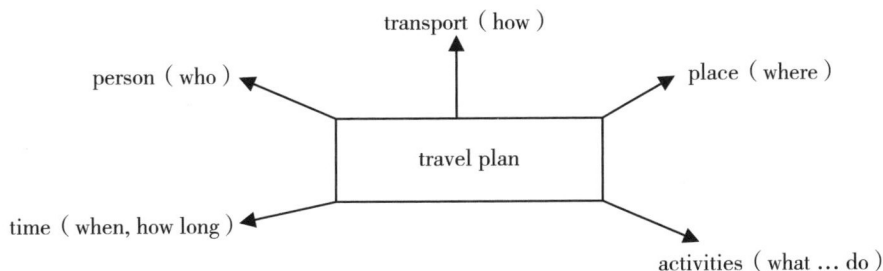

（刘婵兴，广州市海珠区赤岗小学）